外れ馬券に挨拶を

藤代三郎

ミデアム出版社

目次

第一章　勝つ前におごる作戦

目次

目　次

初出／週刊Ｇａｌｌｏｐ
レース結果／週刊Ｇａｌｌｏｐ
（レース結果欄の予想印はサンケイスポーツ本紙予想です）

装丁／カバーイラスト　高柳　一郎

第一章　勝つ前におごる作戦

５００キロ作戦を出動せよ

１回中山３日目の９Ｒ成田特別。４歳上１０００万下のダート２４００ｍ戦だが、締め切り10分前にぴかっとひらめいた。５００キロ作戦をここで出動させるのはどうか。急いでチェックすると、前走時の馬体重が５００キロを超える馬は全部で８頭。しかしそれは前走時の体重であって、この日の体重ではない。増えている馬もいれば、減っている馬もいるだろう。調べればすぐにわかることなのだが、それを調べたら、絶対に馬券を買いたくなる。つまりこのレースをケンするか買うかの決断を、その前にしなければならない。実は６番人気の⑦ロックキャンディを買いたいのだ。これも５００キロを超える馬だから、この馬から５００キロ超えの他の７頭へ馬連を7点。⑦を１頭軸にして３連複流し21点。合計28点を買うかどうか、との選択である。馬連を各２００円、３連複を各１００円にすれば、総額は３５００円。たいした金額ではない。しかし、そもそも⑦ロックキャンディを買いたいというのも思いつきにすぎない。さしたる根拠があるわけではない。この日の

1回中山3日　9R　成田特別

着順	予想	枠番	馬番	馬名	性齢	斤量	騎手	タイム	着差	通過順	上り	人気	単勝オッズ	体重増減	厩舎
1		❶	②	キングルアウ	牡5	54	田辺裕	2.36.4		1 1 1 内	40.9	⑧	31.9	506+6	栗奥村豊
2		❹	⑦	ロックキャンディ	牝5	51	丸山元	2.36.6	1¼	14 14 10 外	39.4	⑥	20.2	512+2	南根本康
3	△	❽	⑯	アバオアクー	牡5	56	大野拓	2.37.0	2½	15 14 7 外	39.8	③	4.4	508−2	北新開幸
4		❸	⑤	エルゼロ	牡4	53	木幡巧	2.37.2	1¼	12 9 7 外	40.5	⑩	39.7	490−8	南武井亮
5	△	❸	⑥	アンヴェイルド	牡6	54	吉田豊	2.37.5	1¾	9 7 5 内	41.1	⑬	67.8	510+10	南戸田博
6	▲	❹	⑧	ショートストーリー	牡4	54	加藤祥	2.37.6	½	4 3 3 内	41.5	②	4.3	494+12	栗吉村圭
7	○	❻	⑫	バイオンディップス	牡5	55	田中勝	2.37.9	1¾	9 3 3 中	41.9	④	6.2	532+2	南小島茂
8		❺	⑩	レオナビゲート	牡6	52	黛　弘	2.38.1	1¼	16 16 16 中	40.3	⑯	180.6	502+6	北奥平雅
9		❷	④	フィエルテ	牝5	51	野中悠	2.38.2	首	9 11 10 内	41.3	⑫	58.7	482−6	栗鈴木孝
10		❺	⑨	ラフェットデメール	牝6	51	丸田恭	2.38.5	2	7 7 7 中	42.1	⑭	103.7	474+6	南矢野英
11	◎	❼	⑬	カフェブリッツ	牡4	55	戸崎圭	2.38.6	首	2 2 2 中	42.9	①	3.7	546 0	栗池江寿
12	▲	❷	③	トーセンアーネスト	牡5	55	菅原一	2.38.9	2	4 3 5 内	42.8	⑤	7.7	534−2	南中川公
13	△	❶	①	ペイシャゴンジセ	牡6	55	江田照	2.38.9	鼻	13 13 16 外	41.9	⑦	27.6	498+16	北本間忍
14		❻	⑪	セイカアヴァンサ	牡5	54	柴山雄	2.39.4	3	7 9 13 中	42.8	⑨	35.4	460 0	南相沢郁
15		❽	⑮	ブラックブリーズ	牡5	54	石橋脩	2.39.5	首	4 11 13 中	42.6	⑪	54.7	476 0	南斎藤誠
16		❼	⑭	ヘイローフォンテン	牡7	54	井上敏	2.39.6	¾	3 3 10 中	43.5	⑮	128.4	542+12	北石毛彦

単②3190円　複②1020円　⑦470円　⑯200円

ブリンカー＝②⑯⑤⑫⑩⑨⑮⑭

馬連②―⑦42020円64　　枠連❶―❹2670円⑪

馬単②―⑦99050円134　３連複②⑦⑯54210円128

３連単②⑦⑯536500円973

ワイド②―⑦8340円62　②―⑯2940円28　⑦―⑯1190円⑪

京都3R、3歳未勝利のダート1400m戦だが、3番人気④テソーロの単勝1000円、複勝3000円、ワイド④⑭を1000円、合計5000円入れると、④テソーロは逃げたものの直線馬群に沈んで13着。ワイドの相手（4番人気の⑭キタサンシーザー）も見せ場なく12着という結果だったのだが、これもほんの思いつきだった。ついふらふらと買ってしまったのである。ワイドの相手になぜ⑭を選んだのかも実はよくわからない。こういうふうに私は意味もなく馬券を買うことが昔から少なくない。こういう思いつきを許していると人間はどうなるか。どんどん負けが膨らむのである。この日も朝から思いつき馬券をときおり買ったものだから、知らない間にマイナスが膨らんでいる。まだ東西のメインレースも残っているのだから、この成田特別はおとなしくケンしていたほっがいいのではないか。さあ、どうする?

法典門から中山競馬場のスタンドまでの地下通路の壁に、第1回のメイヂヒカリから２０１５年のゴールドアクターまで、有馬記念の歴代勝ち馬の絵（写真?）が飾られている。それを見ていくと実に感慨深い。私が初めて有馬記念の馬券を買ったのは、ストロングエイトが勝った第18回だが、そのときの頭数が11頭立てだったことはすっかり忘れていた。そんなに少なかったんですか。競馬を始めたばかりのころで、それが生まれて初めて取った万馬券である。ダントツ人気のハイセイコーが３着に負けた１９７３年のことだ。あれから40年以上もたってしまったとは感慨深い。金杯の朝、行ってみるとその壁面の絵（写真?）がまだ飾られていた。年が明けたのだから、別の企画になっているのかなと思っていたが、有馬続行。だったら、いちばんスタンド寄りの壁に、昨年のサトノダイヤモンドが飾られていたら素晴らしい。と思って、ずんずん進んでいくと、サトノダイヤモンドはなし。去年の暮れとまったく同じであった。２０１６年の勝ち馬の姿を飾るスペースはまだあるのにこれは残念だった。

その金杯の日はボウズだったが、まあ、始まったばかりだし、先は長い。この段階ではまだ余裕たっぷりであった。年の始めの３日間競馬は、５日は中山に出撃、７日はケン、８日は自宅でＰＡＴという予定だったが、計算違いは７日も朝からずるずると馬券を買ってしまったこと。どうして予定通りにケンできないのか。もしも７日を予定通りケンしていたら、８日はイケイケでいっていただろう。成田特別で５００キロ作戦を出動させていた可能性が高い。ところが、７日に思わぬ出動をしてしまったものだから、しかもそれで何発か当たればまた話も別だったけど全然当たらず、全体的に手控えの態勢になるのもやむを得ない。それでも思いつき馬券を朝から何度か買ってみたが、ことごとく不発なのである。成田特別を迎えるまで、41レース連続でボウズなのだ。これでは自信喪失も仕方がない。これで、成田特別で５００キロ作戦が不発であったなら、特に問題はないのだが、こうして延々書いていることからおわかりのように、ケンなどせずに馬券を買っていれば見事に成功していたからショック。買わないと当たる、という典型的な例だろう。

８番人気の②キングルアウが逃げ切り、大まくりを打った⑦ロックキャンディが直線まとめてかわして２着に入り、馬連はなんと４２０倍。３着にもまくった⑯アバオアクー（３番人気）が入り、３連複は５４２倍。もちろん３頭ともに５００キロ超えの馬である。馬連を２００円、３連複を１００円買っていれば、配当総額は14万弱。この日のＷＩＮ５の配当（７０００万）に比べればびっくりするほどの金額ではないが、私にはこれで十分だ。どうして買わなかったのだろうかと、ずっと新聞を見ているのである。

馬券のフォームが定まらない！

なぜ私が負け続けているのか、最近ようやくわかったような気がしている。それは馬券のフォームが決まっていないからだ。いつもふらふらしているからだ。

たとえば1回中山4日目の5R。3歳未勝利の芝2000m戦だが、⑫ジャカンドジョーの返し馬がちょっと気になった。この日は中山に出撃したのだが、午前中ずっとおとなしくしていたので、そろそろ「いきたい」という気分がある。本来なら12番人気の馬だし、超ぴかぴかというわけでもないから、いくべきではない。それはわかっているのだが、我慢できずに単複を購入。するとその⑫ジャカンドジョー、ぽんと先行し、4〜5番手につけるのである。最初から後方ではつまらないが（私の場合、これが圧倒的に多い）、これなら少しは面白い。しかし面白かったのは4コーナー手前まで。動きがおかしくなったかと思うと、直線ではずるずると後退。結局はブービーだった。

返し馬作戦をやめられないのは時には当たることもあるからだ。それがこの日の中山7

R。このレースの返し馬で気配が素軽かったのは内から順に、②マイウェイレコード、⑧コスモボアソルテ、⑨ベバスカーン、⑩ダイリュウハヤテ、⑪カズノテイオーの5頭。人気は順に、14番人気、6番人気、4番人気、12番人気、1番人気である。このとき、この5頭の馬連ボックスを買っていれば、1着⑧コスモボアソルテ、2着⑨ベバスカーンの4890円が的中する。しかしこのときは3連複ボックスのみを購入したので外れ。せっかく返し馬診断が当たったのに、馬券は当たらないのだ。3着は、15番人気の⑮ダイワチャーチル（その複勝はなんと5020円！）だったが、レースが終わってから調べるとその体重が510キロ。実は1～2着馬も500キロ超えなのである。ということは、ここで500キロ作戦を繰り出せば3連複が当たっていたことになる。このレースの3連複は約40万！　おいおい、本当かよ。もっともこのレースの500キロ超えは全部で9頭もいるので、3連複ボックスは84点。これは無理だよな。

翌日は自宅でＰＡＴ観戦だったが、中山2Rでたまたま⑮オウケンスターダムの返し馬が映ると、これが超ぴかぴか。5番人気の馬だ。そこで単複をどかんどかんと買うと、先行したものの、最後にどっと差されて5着。その単勝オッズが10倍→11倍→15倍→16倍と時間がたつたびに下がっていたので（私の経験からは、こういう馬は来ない）、イヤな予感がしていたのだが、不吉な予感は的中するのである。

今週最大の痛恨は、日曜中山7R。7番人気の⑧ホッコーヴァールを軸にしたのだ。で、この馬が2着したのである。勝ったのは3番人気の⑮ハイブリッドダンス。その馬連が6810円。軸馬の⑧から馬連を買っていれば、数点で取れる馬券だろう。ところが馬連を買っていない。このときは3連複で勝負してしまった。しかも⑧を軸にした3連複と、ダントツ人気の①ヒカリトップメモリを軸にした3連複の2種。①の鞍上は戸崎で、年明けから絶不調が続いているが、いくらなんでもそろそろ勝つだろうと思ったのである。その単勝オッズは1・5倍。私がばかなのは、①を軸にした3連複には、3着した11番人気の⑩ジョリガーニャントをきちんと入れているのに、⑧を軸にした3連複にはこの⑩を入れなかったこと。つまり軸馬によってヒモを変えてしまった。だもんで、1着⑮ハイブリッドダンス、2着⑧ホッコーヴァール、3着⑩ジョリガーニャントの3連複（11万）が抜けてしまった。ちなみに3連単は52万。ショックだったのは、単勝1・5倍の①ヒカリトップメモリが4着に負けたこともあり、⑧ホッコーヴァールの複勝が900円もついたこと。そんなにつくのかよ。

というのが今週の反省なのだが、私が負け続けている原因がもうおわかりだろう。時に返し馬診断に頼り、時にデータ中心に馬券を買うのはいい。問題は、馬券の種類がころころ変わることだ。最近はめったに3連単を買わないが、それでも馬連、3連複、単複のどれにするかは、そのときの気分まかせである。これがいちばんいけない。軸馬がどこにも来ないときは、どんな馬券を買っても当たらないからかまわないのだが、軸馬が来ても馬券が当たらないのは、馬券のフォームが定まっていないからだ。馬連中心なのか、3連複中心なのか、それとも単複中心なのか。それをはっきりさせなければならない。そうすれば、私の成績も少しは改善するだろう。

最大の問題は、どの馬券を中心にするのがいちばんいいのか、それがわからないことだ。日曜中山7Rの場合は、複勝にするのが正解だったけれど、それはダントツ人気馬が消えて複勝が900円もつくという結果を見てから言うことであり、はたして本当にそうだったのかということになると、なんとも判断がつかない。どうしたらいいの？

アキラ君が大爆発した日

アキラ君は編集者だ。以前から知っていたが、競馬をやるとは知らなかった。今度一緒に行きましょうよと言うので、ＡＪＣＣの日に中山に出撃することにした。この青年は津田沼に生まれ育ったので、高校、大学生のころはよく中山競馬場に行ったという。実家から自転車で行ったこともあるという。もっともそれは遊びに行っただけで、熱心な競馬ファンというわけではないようだ。今でも馬券を買うのはＧＩのときくらいで、競馬場に行くのは会社の先輩に連れられて年に数回くらい。こういう「半分初心者」の知人と競馬場に行くのは、昔から好きである。競馬の楽しさをもっと教えて熱烈なファンになってほしいから、あれこれと考えるのである。

いつもいちばん先にコーチするのは、場内の全体図だ。どこに何があるのか、フードコートはどこにあるのか、自分たちはいまどこにいるのか、マップを見ながら示すのである。で、指定席に案内すると、みなさん、感動する。上から見ると競馬場が一望できるから、都会の真ん中にこういう自然が残っていることに感動する。特に今回案内するのは、中山競馬場のキングシート、しかも「ｉ－Ｓｅａｔ」であるから、若干の補足説明が必要だろう。私もまだ4回目なのでわからないことがあり、最近は面倒なので、タブレットを持参して、3連複フォーメーションはこちらで買うことにしている。据え付けのパソコンでも買えるんだろうが、私、まだよく操作方法がわからないのだ。いつもＩＰＡＴで買っているときとは微妙に操作方法が異なるので、慣れないのである。

そういえば、市丸博司さんのネットコラムを読んでいたら、この「キングシートｉ」体験記が載っていて、その中に「的中しました。おめでとうございます」という画面の写真が掲載されていた。的中するとそういう画面が出てくるんだという。「どうしても、これを見ると顔が緩んでしまいます」と市丸さんは書いているが、そんな画面が出るなんてまったく知りませんでした。これまでの3回、全部ボウズということはないはずだ。そうだ、昨年の暮れの23日に出撃したときは間違いなく当たったことを思い出す。それでもそんな画面は出なかった。まったくわけがわからない。そのように頼りにならない人間ではあるけれど、アキラ君は初めて、私はＡＪＣＣの日で4回目なのだから、やっぱり私がコーチしなければならない。ところが30代のアキラ君は現代の青年であるから、説明書（操作方法を書いた簡単なパンフが各指定席に置かれている）も見ずに、ぱっぱっと机上の端末に触って、あっという間にさくさく馬券を買っちゃうのである。えーっ、すぐできちゃうの？

しかもその馬券の成績がすごかった。中山3Rで、⑪ジェイケイライジンと⑬シャドウボーダーのワイド2970円を仕留めたときはまだ驚かなかった。1番人気の⑪ジェイケイライジンからワイド5点流しを買ったら、12番人気の⑬シャドウボーダーが引っ掛かったということでもあろうから、それほど驚くべきことでもない。ところが、中山9R東雲賞は、11番人気⑦プラチナブロンド（2着）から流して、⑩ルグランパントル（1番人気で1着）との馬連（1万5650円）とワイド（3780円）を仕留めるのだ。さらに続く中山10Rアレキサンドライトでは、8番人気の④ディアドムス（1着）から流して、12番人気⑧マルケサスとの馬連（3万7560円）とワイド（7880円）を仕留めるから、君は競馬の天才か！　3着も13番人気の⑬ダイワレジェンドだったので、3連単はどかーんと278万だったが、買っていればその3連単も当たっていたのではないか。それくらいの鋭い予想の連発である。しかも当たったのはそれだけではなく、京都9Rの3連複4950円とか、中山12Rの3連複2420円とか、他にいくつもあるから驚く。こんな天才、初めて見た。聞いてみると、こんなに当たったのは初めてであるという。年に数回、会社の先輩に連れられて競馬場に行くときはだいたいボウズで、ひどい成績だという。

そういえば、数年前のAJCCの日に一緒に中山競馬場に出撃したシゲ坊が、80万の3

連複を仕留めたことがあり、その後、東京競馬場に一緒に行ったときも好成績で、そのあまりの爆発ぶりに、君はすごいなあと言うと、いやあ藤代さんと行くといつも勝つんですよ、と言ったことがある。シゲ坊やアキラ君の好成績が本当に私の影響ならば嬉しいが、そんなことあるかね。だって肝心の私の成績がひどく、この日もボウズだったのだ。そんな運気を持っているとは到底思えない。そのために「的中しました。おめでとうございます」という画面を見ることはこの日もできなかった。そうか、彼は何も言っていなかったが、アキラ君の端末には何度もその画面が出たのかもしれない。その画面を見るまでは「キングシート.i」に通い続けるぞ、と固く決意したのである。

馬券は3連複だ！

年明けから絶不調で、1回中山が終わったとき、「この開催の負けは2016年のマイナスとする」と決定した。なあに、昨年の負けが少し増えたと思えばいいのだ。私がときどき繰り出す奥の手である。で、1回東京が始まって、初日も半月分の負け。開催が替わっても流れは全然変わらないのだ。それなのに日曜日、東京競馬場のエスカレーターに乗りながら、なんだか胸が弾んでいるので自分でもびっくり。どうしたんだオレ。あまりに負けが続いているのでもう感覚が麻痺しているんだろうか。まあ、たしかに感覚が麻痺していなければ、これほど長く、ずっと負け続けているのに競馬をやっているわけがない。なにしろ、ハイセイコーの年からだから、もう43年になるのだ。それでも競馬をやめないのは、懲りない性格だからである。この43年間に負けた金額を考えると、めまいがしてくる。もし競馬をせず、その金額が通帳に残っていたらと考えると、おいおい本当かよ、という気になってくる。懲りない、っていうのは本当に困りものだ。

　というわけで迎えた東京4R。3歳未勝利の芝1600m戦だが、①アルトリウスと⑧グラドゥアーレの馬連オッズを見たら12倍とあったので、途端に買う気になった。3番人気と1番人気の馬である。これが7〜8倍なら買う気はなかったのだが、12倍はおいしい。この東京開催から上がりタイムを突然重視することにしたのだが、競馬新聞に載っている過去4戦中、2回以上上がり1位のタイムを叩き出しているのは、この2頭と、あとは②コスモディライト（5番人気）だけなのである。だったら、①は藤沢和厩舎で鞍上がシュミノー、⑧はルメールということもあり、馬連①⑧で堅いのではないか。この馬連を2000円買ってから、もしも②コスモディライトが2頭の間に入ったらイヤなので、3連複も買うことにした。他にもこわい馬がいるので、①⑧の2頭を軸にして3連複のヒモは②コスモディライトの他に、③シゲルタイガー（4番人気）、④サクラハナコ（12番人気）、⑩ウインハイラント（2番人気）、⑫ディーグランデ（7番人気）、⑬アルチレイロ（8番人気）の5頭で、計6頭。これを各500円。合計で5000円である。すると①が、道中の行きっぷりはよくなかったが、直線に入ってからインをついて伸びてきた。「シュミノーシュミノー」。久しぶりに叫んだ。本来なら3番人気の馬であるので、そんなに大声で叫ぶほどのことではない。私の叫び声を聞いた人は、なんだよあんな人気馬で叫んでやんの、と思ったかもしれない。すみません。

最後は逃げた⑧と叩き合って、結局は①が1着、⑧が2着。馬連は1170円。3着は外から伸びた⑬アルチレイロで、3連複は8240円。配当合計は、6万4600円である。いいじゃないの、いいじゃないの。馬券がヒットしたのは久しぶりのような気がする。

今後のヒントを与えてくれそうなのが、この日の東京12R。4歳上1000万下の芝1800m戦だが、迷って迷って、最後の最後にひらめいた。⑪アヴニールマルシェと⑮スモークフリーの2頭で堅いんじゃないだろうか。その段階では、⑪が4・1倍の1番人気、⑮が6倍の3番人気（最終的には2番人気になっていた）。鞍上はルメールと横山典。2番人気は関西馬の⑬パフォーマプロミス（鞍上は福永）で、単オッズは4・6倍。続けて戸崎騎乗の⑥ヴェラヴァルスターが4番人気で6・3倍。混戦模様だが、なぜか⑪⑮の2頭で堅いと思った。ところが馬連オッズを見ると9倍。10倍以下の馬連は買わないというマイルールに抵触するので、この2頭を軸にして3連複を買うことにした。相手は、②ダイワスキャンプ（10番人気）、④ニシノジャーニー（7番人気）、⑤フォワードカフェ（6番人気）、⑧ペガサスボス（5番人気）の4頭だ。オッズは順に、82倍、74倍、50倍、25倍である。その4点を各1000円。すると、本当に⑪⑮の2頭が1〜2着したのである。馬連を買っていれば当たりだった。問題の3着争いは、逃げた①スパーブデイ（13番人気）が粘るところに⑧が迫ってきて、クビだけ届かず4着という残念な結果だった。もしも⑧が3着になっていても3連複は25倍であるから、この日の収支はプラスになっていなかったが、なんだかこのあたりに今後のヒントがありそうな気がする。

馬連⑪⑮は890円で、3連複に入れた4000円を全部馬連に入れていれば、配当総額は3万5000円になっていたから、それでいいんじゃないかとの意見もあるだろう。正直に言えば、心は千々に乱れている。しかし決まったことはある。3連複だ。単複でもワイドでもなく、3連複だ。しかも重要なのは点数を絞って、レートを500円〜1000円にすること。このゾーンに、今後の道はある。冬の府中の開幕週は土日で全治1ヵ月だというのに、まだ心が折れていないのは、このように今後の方針が決まったからである！

本年初のプラス

1回東京4日目の6R。4歳上500万下の芝1800m戦だが、中団につけていた⑪ワンショットキラー(2番人気)が直線を向いて外から伸びてきた。そこからぐんぐん差してくる。よおし、この勢いなら差し切るだろう。となると、あとは⑦ウエスタンエスプリだ。ところが、その⑦の脚いろがよくない。本命の⑪は来そうなのに、対抗の⑦は来ないのか! この馬連(約30倍)を1000円、ワイド(約10倍)を2000円買っているので(この2頭を軸にした3連複流しも買っていた)、この⑦が来ると来ないのでは大違い。だめかなあとは思いながらも、しかしここで叫ばなかったら叫ぶときがないので、思い切り叫んだ。「ヨシトミヨシトミ!」。⑪の鞍上の名前を叫ばず、⑦の鞍上の名前を叫ぶのは、⑪が2番人気で、⑦が6番人気だからだ。上位人気馬に乗る騎手の名前を叫ぶのはカッコよくない。

ところがやっぱり⑦は伸びず、あ〜あと思って前を見たら、⑪が先頭に躍り出たところ

1回東京4日　6R　4歳上500万下

着順	予想	枠番	馬番	馬名	性齢	斤量	騎手	タイム	着差	通過順	上り	人気	単勝オッズ	体重増減	厩舎
1	▲	❻	⑪	ワンショットキラー	牡4	56	大野拓	1.47.3		7 9 9	中33.7	②	3.7	478+4	北 新開幸
2		❺	⑨	コスモピクシス	牝4	54	柴田大	1.47.5	1¼	16 16 11	内33.6	⑩	56.3	416+2	北 中野栄
3	△	❷	③	マルターズゲイル	牡4	56	松岡正	1.47.7	1¼	1 1 1	内35.1	④	11.9	484 0	南 松山将
4	◬	❶	②	ナイアガラモンロー	牝5	55	内田博	1.47.9	1¼	3 3 3	内34.9	⑧	26.1	506+2	南 堀井雅
5		❸	⑤	ダイチラディウス	牡4	54	原田和	1.47.9	頭	9 6 6	中34.7	⑫	119.7	466+10	北 和田雄
6		❶	①	アフェクテューズ	牡4	56	田辺裕	1.47.9	鼻	⑫ 10 9	内34.3	⑦	16.7	502+6	北 手塚貴
7	○	❽	⑯	プレシャスメイト	牝5	55	蛯名正	1.47.9	鼻	⑯ 13 14	外33.8	⑤	13.0	464+8	南 奥村武
8	△	❹	⑦	ウエスタンエスプリ	牡4	56	柴田善	1.47.9	首	3 6 6	中34.7	⑥	16.1	514 0	南 柴田人
9	△	❷	④	アウェイク	牝4	54	戸崎圭	1.48.0	首	3 5 5	中34.9	①	2.8	468+8	南 斎藤誠
10	◎	❼	⑬	マヤノピナクル	牡4	54	木幡巧	1.48.2	1¼	⑫ 13 14	中34.1	③	4.3	456 0	南 牧　光
11		❼	⑭	フォーワンタイキ	牡5	57	丸田恭	1.48.5	2	3 3 3	外35.5	⑮	241.0	456−6	北 石毛彦
12		❻	⑫	デスマッチ	牡4	55	長岡禎	1.48.7	1½	2 2 2	中35.9	⑯	317.6	480+4	北 石栗龍
13		❸	⑥	カズノネネヒメ	牝5	55	丸山元	1.48.7	首	7 6 6	中35.4	⑬	173.9	464+2	南 小西一
14		❽	⑮	マイネルリード	牡5	57	丹内祐	1.48.8	½	10 10 11	外35.0	⑪	67.2	508 0	南 萱野浩
15		❺	⑩	クインズラピス	牡5	55	木幡初	1.48.8	鼻	16 16 16	中34.6	⑨	34.5	464 0	南 田村康
16		❹	⑧	アロースコルトン	牡4	53	野中悠	1.49.3	3	10 10 11	中35.4	⑭	237.7	472+8	北 蛯名利

単⑪370円　複⑪170円　⑨990円　③340円　　　ブリンカー＝①⑭⑩
馬連⑨—⑪12080円㉝　　枠連❺—❻4370円⑯
馬単⑪—⑨16730円㊽　３連複③⑨⑪31510円㉞
３連単⑪⑨③167220円435
ワイド⑨—⑪3170円㉞　③—⑪820円⑤　③—⑨6010円㊼

で、そこに⑨コスモピクシスが迫っていた。えっ、⑨コスモピクシス？　いったいどこにいたんだ？　あとでリプレイを見ると、この⑨コスモピクシス、3コーナーまでは最後方にいたが、4コーナーで最内をつき、インをするすると伸びていたのだ。本命の⑪と対抗の⑦しか見ていなかったので、気がつかなかった。ちょっと待ってくれ、ちょっと待ってくれ。そのときは、⑪が1着になりそうな局面で、内で粘るのは逃げた③マルターズゲイルである。この馬は1円も買っていない。しかしワイドの⑨⑪は買っているから、⑨コスモピクシスが3着に入れば、そのワイドが的中する。でもそれまで⑦の鞍上の名前を叫んでいたので、急に⑨コスモピクシスの鞍上（柴田大知だ）の名前を叫ぶのは恥ずかしい。「ヨシトミヨシトミ、あ〜あ」と言ったばかりなのだ。ここで突然、「そのままそのまま」とも言いにくい。⑨コスモピクシスの勢いは止まらず、③マルターズゲイルを差して2着でフィニッシュ。でも馬連⑨⑪は買ったかなあ。急いで投票履歴を見ると、おお、お前はエライ！　馬連を300円買っていた。

実は返し馬で⑦と⑪がよかったのである。だから本命と対抗に自信を深めたのだが、机の上のモニターに返し馬の様子が映ると⑨が超ぴかぴか。実際の返し馬では見逃していたようだ。あわてて⑨から本命対抗の2頭にワイドを2点追加したのである。馬連はその前に本命から5点買っていた。②ナイアガラモンロー（8番人気）、⑦ウエスタンエスプリ、⑨コスモピクシス（10番人気）、⑩クインズラピス（9番人気）、⑯プレシャスメイト（5番人気）の5点だ。3連複も本命の⑪からこの5頭に流したのだが、どうして4番人気の③をヒモに入れなかったのか理解に苦しむ。1着⑪、2着⑨、3着③の3連複が315倍。これも取りたかったなあ。それでも馬連1万2080円と、ワイド3170円をゲットしたから嬉しい。この日は3Rの⑨ダイワエトワール（4番人気で1着）、5Rの⑤レッドエルソル（4番人気で3着）と、返し馬診断がそれなりに結果を出していたのでこの6Rも信じたのだが、返し馬診断で馬券を当てるとホント、嬉しい。4番人気で3着、というのは微妙なところで、それが本当に返し馬診断が当たったと言えるのかどうか疑問の向きもあるかもしれない。しかし上位人気馬が返し馬のデキの良さを反映しないこともあるのだから、結果が出ることは喜ばしい。

ところでこの日の10R春菜賞（3歳500万下の芝1400m）を勝った②ライズスクリューは16番人気（ビリ人気だ！）の馬で、その単勝はどかんと230倍。レースが終わってから「これは買えないよなあ」と話す若者たちの会話が聞こえてきたが、「絶対に無理」「絶対に無理だよ」ではなかったよなあと思った。というのは、返し馬が超ぴかぴかの馬だったのである。急いで競馬新聞に長い横線を引いたが、そのとき騎手の名前を見て、なんだと思った。いつも強い返し馬をする横山和だったのだ。ちなみに横山和はこの日の8Rで騎乗した⑪オーバーウェルムでも、返し馬は超ぴかぴかだった。この⑪は2走前の東京戦でも上がり1位の馬だったので、少し心が動いたが、結果は11番人気で5着。11番人気でも5着したというのは、やはり好調だったからなのかどうか。返し馬診断はホントに難しい。

この日は8Rの3連複517倍もゲットして、珍しくもプラス。9R以降不発だったので、先週の負けの半分も取り戻せなかったが、でもプラスはプラス。2017年、プラスになったのは初めてである。1月は絶不調で、開催が替わった先週も不発で、これで今週もだめなら、いくら懲りない私でも人生を深く考え直さなければならなかったが、なんとか生き延びることに成功。すぐに絶不調が戻ってくるとは思うけれど、しばらくはこのささやかな幸せを噛みしめていたい。

馬連200倍が当たった!

それにしても最近の若者は賢い。今週はアキラ君と東京競馬場に出撃したのだが、彼はこの2週、馬券を買ってないというからびっくり。アキラ君と中山競馬場に行ったのはAJCCの日で、あの日、神がかり的に的中したことはまだ記憶に新しい。あんなに絶好調の人なら、その後の馬券成績もしばらくはいいはずだ。だからその後の成績はどう?と尋ねたのだが、まさか2週間、一度も馬券を買ってないとは思わなかった。負けが続いたときはもう競馬のない国に行きたいと思うものだが、勝ったときは早く週末が来ないものかと思うものだ。それが人情というものだろう。私はめったにそういうことはないけれど、たまに当たるとそう思うから、みなさんもたぶんそうであるに違いない。よく我慢できるよな。すると、「そんなに当たりませんよ」と言うのである。なんて大人の対応だ。

この日はアキラ君の会社の上司も一緒で、それがヨシ先輩だが、この人の馬券の買い方が実に異色。2頭を選んで、それを1~2着裏表に置いて、ヒモは5頭の3連単。つまり

10点買いである。すごいのは、それを全場全レース買うことだ。それも朝いちばんで買ってしまう。だから、オッズも見なければパドックも見ない。あとはレース結果を待つだけ。ということは検討は前日にすべてすませるということだから、前夜は忙しい。その買い目を決めるために、ああでもないこうでもないと深夜まで没頭するんだという。レートは100円。それを3場全レース買うから、1日の予算は3万6000円。GⅠはさすがにレートを上げるらしいが、中山競馬場の指定席年間パスポートを持っているくらい熱心な50歳だ。千葉在住の競馬ファンなので、中山が地元。この日は府中に宿までとって万全の態勢で競馬場にやってきた。AJCCの日に当たりまくっても馬券購入を控える人もいれば、毎週競馬場に通う熱心な人もいたりして、競馬ファンもいろいろである。

その日、つまり第1回東京5日目だが、私が当たったのは一つだけ。しかしそれが大きかった。東京5R（3歳未勝利の芝1600m戦）で、7番人気の④レローヴから買って馬連200倍が当たったのだ。こんなのが当たるなんて百万年ぶりだろう。だったらもっと買えばよかった。当たったときはいつもそうなのだが、喜びより先に、なんでもっと買わないんだよと思うのである。痛恨は、780倍の3連複を取り逃がしたこと。1着が10番人気の⑯マンハイムで、2着が私の軸馬の④、3着が5番人気の③ベイビーステップ。それで780倍。この③は馬連の相手には拾っているのに3連複のヒモになぜか選ばな

着順	予想	枠番	馬番	馬名	性齢	斤量	騎手	タイム	着差	通過順	上り	人気	単勝オッズ	体重	増減	厩舎
1		❽	⑯	マンハイム	牝3	54	津村明	1.35.0		⑭[12][9]	外35.0	⑩	30.2	426		[北]国枝栄
2	▲	❷	④	レローヴ	牝3	52	木幡巧	1.35.2	1¼	[3][2][2]	中36.2	⑦	14.0	480	− 4	[南]黒岩陽
3	△	❷	③	ベイビーステップ	牡3	53	野中悠	1.35.5	1¾	[13][12][12]	外35.2	⑤	11.7	480	+ 2	[北]菊川正
4		❼	⑬	ジャンティオム	牡3	56	横山典	1.35.6	¾	[2][2][4]	内36.3	⑨	21.7	498	− 6	[南]尾関知
5	△	❸	⑥	ダークプリンセス	牝3	54	ルメール	1.35.8	1	[1][1][1]	内37.1	③	5.6	416	+10	[南]萩原清
6	◎	❽	⑮	ジェイケイオジョウ	牝3	54	戸崎圭	1.35.8	鼻	[5][7][7]	外36.1	①	3.5	460	+ 2	[南]堀井雅
7		❹	⑦	リモンディ	牡3	54	内田博	1.35.9	¾	⑨[7][7]	中36.2	⑥	11.7	516	0	[北]木村哲
8	△	❻	⑫	ニシノスマッシュ	牡3	56	田辺裕	1.36.0	¾	[5][6][6]	中36.6	④	9.1	428	− 2	[南]田村康
9	◬	❹	⑧	コスモペリドット	牡3	54	柴田大	1.36.1	½	[5][4][3]	中36.9	⑧	18.3	450	0	[北]高橋祥
10	○	❻	⑪	シングンマイケル	牡3	56	武士沢友	1.36.2	首	⑯[15][15]	中35.5	②	3.9	454	− 2	[北]高市圭
11		❼	⑭	エフティリンダ	牝3	54	蛯名正	1.36.4	1½	[9][10][9]	中36.4	⑫	90.1	446	+ 6	[北]粕谷昌
12		❺	⑨	アグリツーリスモ	牡3	55	長岡禎	1.36.7	1¾	[3][5][4]	内37.4	⑭	135.6	454	+ 2	[北]和田郎
13		❶	②	ビレッジマウンテン	牡3	56	岩田康	1.36.8	¾	[9][16][16]	中36.0	⑬	99.3	514	+16	[北]土田稔
14		❸	⑤	サンクララ	牝3	54	大野拓	1.37.5	4	⑨[10][11]	中37.4	⑪	46.1	434	− 4	[北]清水英
15		❺	⑩	コスモミュート	牝3	54	石橋脩	1.37.6	½	⑭[12][12]	外37.3	⑮	195.7	408	+10	[南]矢野英
16		❶	①	テイエムスイング	牡3	56	岩部純	1.38.1	3	[5][9][12]	内37.9	⑯	373.3	440	+ 8	[北]石栗龍

単⑯3020円　複⑯930円　④360円　③420円
馬連④―⑯20050円㊻　　枠連❷―❽1100円⑤
馬単⑯―④45710円㊿　３連複③④⑯78490円163
３連単⑯④③702620円1174
ワイド④―⑯6110円㊾　③―⑯6850円㊼　③―④2120円㉖

1回東京5日　5R　3歳未勝利

かった。70万の3連単は取れなくても（3連単はもともと買う気がないから、これはいくらでも悔しくはない）、この780倍はゲットしなければだめだ。しばらく呆然《ぼうぜん》。200倍の馬連を当てた喜びよりも、3連複を取り逃がしたことのショックのほうが大きく、新聞にずっと目を落としていた。当たるのは一瞬なのだから、そういうときにしっかりゲットしておかなければあとが大変なのである。

　この日、アキラ君もヨシ先輩も、大ヒットはなかったようで、「そんなにいいことはやっぱりないですよ」とアキラ君が最後に呟いた。最終レース終了後は、府中のもつ鍋屋で乾杯。とても楽しい酒であったが、今週のトピックは、一人で出掛けた翌日、小倉11R門司Sで発走直前に⑦ワンダーピルエットが競走除外になったこと。えっと思った。実は私、WIN5でこのレースを⑦ワンダーピルエットの1頭指名にしていたのである。その馬が除外になったということは、ＷＩＮ５の購入資金が戻ってくるの？　そのときにはもう私のＷＩＮ５は外れていたから（荒れると決めた東京10Ｒのバレンタインズ Ｓを2番人気の⑯ブラゾンドゥリスが勝ったのでドボン）、ふーんと思って競走除外のアナウンスを聞いていたのだが、最初は全然関係ないやと思っていた。しばらくしてから待てよ、と顔を上げた。戻ってくるの？　嘘だろ。だってもう外れているんだよ。ちゃんと戻ってきました。全額返金。いやあ、嬉しい。落とした金が戻ってきた気分。絶対に戻ってこないよなと思った金が戻ってくると、こんなに嬉しいものなのでしょうか。私がわからないのは、２頭指名の馬のうち1頭が除外になったら、では半額が戻ってくるのかどうか。まあ、そんなことはめったにないから、どっちでもいいんだけど。

２月開催の府中は本当に寒く、特に指定席は吹きさらしだから（一般席もそうだけど）、アキラ君たちと出撃した土曜のように風の強い日だと大変だ。スタンドの中に入ると暖かだからほっとするものがあるが、しかしこの寒さこそが2月の府中の風物詩なのである。あんまり寒いから、府中競馬正門前駅の横にある川崎屋で日本酒をひっかけてから出撃するのもこの時期ならではだ。もうすぐこの開催も終わってしまうが、そうすると春の足音が聞こえてくる。

シゲ坊の予想にびっくり

シゲ坊は毎週土日、その日の勝負レース予想を送ってくるのだが、フェブラリーSの日の勝負レースは、京都12Rだった。4歳上1000万下のダート1400m戦だが、シゲ坊の本命は⑧ナリタロック。なぜこの馬を本命にするのかという理由もメールには書いてあるのだが、それは省略。驚くのはこの馬が16頭立て16番人気の馬であったことだが、もっと驚くのは、それなのに昼の段階でこの馬の単勝が40倍であったことだ。16頭立てのレースでビリ人気の馬の単勝が40倍だなんて聞いたことがない。レース直前に見ると、その単オッズは59倍（最終的には93倍）。史上稀に見る大混戦レースであった。東京競馬場で会うなり、「いやあ、すごい馬に本命つけてるよねえ」とトシキが嬉しそうに言ったが、そういう超人気薄の馬であるから、馬連オッズもすごい。ちなみにシゲ坊の予想は◎が⑧ナリタロック、○が⑪バーサーカー、▲が⑭アチーヴ、△が2頭、⑦マイグランクロアと⑯ウサギノカケアシである。その人気がすごい。◎は16番人気だが、○が11番人気、▲が14番人

2回京都8日　12R　4歳上1000万下

着順	予想	枠番	馬番	馬名	性齢	斤量	騎手	タイム	着差	通過順	上り	人気	単勝オッズ	体重	増減	厩舎
1		❼	⑭	アチーヴ	牡7	57	四位洋	1.25.6		⑯ 16 16	内35.6	⑭	60.6	482	0	[栗]加藤敬
2	◎	❻	⑪	バーサーカー	牡5	57	国分恭	1.25.6	首	⑬ 14 12	中36.3	⑪	39.0	512	0	[栗]長浜博
3	○	❺	⑨	レッドヴェルサス	牡4	57	川田将	1.25.7	首	10 7 6	中37.5	①	3.6	516	+4	[栗]須貝尚
4	△	❺	⑩	タッチシタイ	牡7	57	佐藤友	1.25.8	½	4 5 4	中38.0	⑧	28.6	502	+2	[栗]音無秀
5		❶	②	ゼアミ	牡6	57	中谷雄	1.25.9	½	1 1 1	内38.7	⑥	21.4	538	−2	[地]竹内正
6		❸	⑥	アドマイヤスパーズ	牡7	57	川須栄	1.25.9	鼻	8 8 6	中37.8	⑩	34.1	490	−4	[栗]中尾秀
7		❷	③	コンドルヒデオ	牡5	57	鮫島良	1.26.2	1¾	7 8 6	内38.2	⑬	44.3	516	+2	[栗]牧浦充
8	▲	❷	④	ノースウッド	牡5	56	小崎綾	1.26.2	頭	2 2 2	中38.9	②	3.9	520	0	[栗]野中賢
9	△	❹	⑦	マイグランクロア	牝4	52	森　裕	1.26.2	首	13 11 11	中37.6	⑦	21.4	482	0	[栗]森　秀
10		❽	⑯	ウサギノカケアシ	牡5	57	酒井学	1.26.3	首	15 15 14	中36.7	⑫	43.7	494	−2	[南]星野忍
11	△	❶	①	ヴェゼール	牡4	56	岩崎翼	1.26.4	½	5 4 4	内38.8	⑤	10.1	544	+16	[栗]河内洋
12	△	❹	⑧	ナリタロック	牡7	56	義　英	1.26.6	1¼	10 10 9	中38.2	⑯	93.8	496	−6	[栗]宮本博
13		❽	⑮	クリスタルタイソン	騸4	57	川島信	1.26.9	1¾	6 5 9	中38.9	③	5.4	504	+8	[栗]荒川義
14		❻	⑫	クリノダイスーシー	牡5	57	筒井勇	1.27.1	1¼	2 2 2	中39.7	⑮	83.8	514	0	[栗]作田誠
15		❼	⑬	トミケンキルカス	牡5	55	坂井瑠	1.27.2	½	12 13 15	中37.7	⑨	34.0	508	−4	[地]大和田成
16	◬	❸	⑤	カフジオリオン	牡5	57	池添謙	1.27.6	2½	9 12 13	外38.4	④	6.9	490	−8	[栗]中竹和

単⑭6060円　複⑭920円　⑪730円　⑨170円　　ブリンカー＝⑪⑨⑮⑤
馬連⑪―⑭69160円101　　枠連❻―❼11710円㉛
馬単⑭―⑪129880円195　３連複⑨⑪⑭95070円235
３連単⑭⑪⑨1160170円1937
ワイド⑪―⑭12330円㊷　⑨―⑭3030円㉟　⑨―⑪2480円㉕

気、△2頭は7番人気と12番人気だ。◎からの馬連は◎○が700倍、◎▲が1200倍、◎△は720倍と1100倍。いやはや、とんでもない予想である。

去年の秋を思い出す。シゲ坊の予想に乗って馬券を的中したことを思い出す。あれはいつだっけ？と尋ねると「5回京都の5日目です」とシゲ坊が言う。すごいな記憶力も。ということはまだあれから3ヵ月しかたっていない。遙か昔のような気がしていたが、そうか、まだ3ヵ月なのか。あのときはシゲ坊と二人で東京競馬場に出撃した。で、朝から「今日の勝負は京都最終ですから、それまでじっと我慢していてください」と言われていたのだ。ばかな私は途中でばんばん飛ばして、勝負レースを迎えたときに少々の馬券ではプラスにならないくらい負けていることが多いので、そういうことがないようにと注意してくれたのである。そうだ、ビットレートだ。直線で「アッザニアッゼニ」と二人声を揃えて叫んだことも懐かしい。馬連100倍はど本線で的中。350倍の3連複は押さえで的中。いやあ、楽しかったなあ。しかしあのときと違うのは、ビットレートは昼の段階で単オッズが16倍（最終的には32倍）だったことだ。今度はビリ人気馬だ。あのときは◎○が100倍だったのに比べ、今度の◎○は700倍なのだ。全然異なる。大丈夫かなあ。

この日は、たそがれのトシキが「シゲ坊と会いたいなあ」と言ったので、どうせならフェブラリーSの日に行こうと、ヒゲもじゃのカオルも誘って、寒い府中に出撃。この時期は出撃前に、府中競馬正門前駅の横にある川崎屋で日本酒をひっかけることが多いのだが、この日も一杯飲んでから競馬場に向かった。日本酒が入るとホントに暖かい。極端に寒い日は競馬場の指定席でも日本酒を飲むことがあるが、この日はそれほどでもないので午後はいつものハイボール。競馬仲間と出撃するのは楽しい。ああでもないこうでもないと話すだけで、その大半は翌日に忘れている話にすぎないが、こういうことが楽しいのだ。で、あっと言う間に最終レースを迎えるのである。ビリ人気の⑧ナリタロックにいくら突っ込んだかはここに書かない。この日、いちばんの金額であったと書くにとどめておく。その⑧ナリタロック、スタートもよく、インの7〜8番手につけ、道中は抜群の手応えだ。馬群が3コーナーにさしかかると、私もシゲ坊も思わず立ち上がる。もう我慢できない。「これ、来たんじゃないですか」とシゲ坊。このあと、4コーナーを回って直線に向いたところが勝負だ。そこでぐいーんと伸びてくるかどうか。その脚いろを見ていつでも叫ぶつもりだったが結局は一度も叫べなかった。馬群を割って伸びてこなかったのだ。こうなると⑧絡みの馬券しか買ってない私は終了。あとはなにが来ようと関係ない。

ところがゴール前は大混戦で、「あ、対抗と黒三角だ！」とシゲ坊が言ったので、えっとなった。なんとなんと、シゲ坊の本命は馬群に沈んだものの（12着）、▲の⑭アチーヴが1着、○の⑪バーサーカーが2着。その馬連はどかーんと690倍。3着は1番人気の⑨レッドヴェルサスで、3連複は950倍、3連単は116万である。居酒屋についてから「自分の本命対抗と、シゲ坊の◎○▲を足して、5頭の馬連ボックスと3連複のボックスを買おうと最初は思ったんだよ。そうしておけば、3連複は外れても馬連が当たってた」とトシキが言った。待てよ、1番人気の⑨レッドヴェルサスはパドックでいちばん気配のよかった馬だから、私の本命（3番人気の⑮クリスタルタイソン）とその1番人気馬と、そしてシゲ坊の◎○▲を足して、5頭の馬連ボックスと3連複のボックスを買えば、690倍の馬連と950倍の3連複がその場合、当たっていたことになる。おお、どうしてそうしないんだ！

「四位じゃなかと」とオサムが言われた日

1回阪神初日の6R。3歳500万下のダート1400m戦だが、7番人気の⑫カズマペッピーノが気になったので、この馬の単複と馬連、3連複を少額買ってみた。その⑫カズマペッピーノ、スタートよく飛び出したが、あとから来た馬を先に行かせて道中は6～7番手。そこで折り合いに専念して4コーナーでは外を回って4～5番手。いい手応えだ。これは、もしかするともしかするかも。直線を向いて追い出すと、ぐいーんと伸びて2番手まで上がってくる。おお、この勢いなら頭まであるか。と思った瞬間、その脚はぴたりと止まり、後ろから来た馬に差されて3番手。これでは単勝も馬連も絶望的だ。あとゴールまでほんの少ししかないから、ここから巻き返すのは無理だろう。それでもこのままフィニッシュするなら、まだ複勝と3連複の望みはある。しかしそれも後ろから来た馬に差されて、あっと言う間に5着。7番人気で5着なら善戦した部類かもしれないが、一時は頭まであろうかという勢いであったのだから、なんとも残念だ。小倉の1000m戦で未勝利を勝ち上がった馬だから、阪神１４００ｍは距離が微妙に長いのか、それとも坂が不向きなのか。４月の福島で短距離に出てきたら狙いかも――というのが今回の教訓だが、私の最大の問題はこういうことを忘れてしまうことだ。ずっと覚えていられないのだ。

今から20年前なら、こういうレースの細部はだいたい覚えていた。メモを取らなくても競馬新聞の馬柱を見ているうちに、待てよ、と思い出すのだ。以前にも書いたことだが、セイカララーラという馬がいた。府中の直線で伸びかけたものの、途中でぴたっと止まったレースを見て、直線の短いコースに出てきたら買おうと思った。で、中山のレースに出てきたときにそのことを思い出して買うと1着でフィニッシュ。人気薄を連れてきてくれたおかげで馬連は万馬券だった。あのときも競馬新聞を見ながら検討しているうちに思い出したのである。そうか、あのときの馬だよ、と。ところが年を取ると、あちこちにしまっている情報がなかなか結びつかない。情報はずっとばらばらのままなのである。以前のレースを覚えていたって馬券が必ずしも当たるわけではないけれど、愉しみは増すような気がする。カネヒキリ産駒の3歳馬⑫カズマペッピーノ、覚えているかなあ。この馬が出走する日に、競馬場で私を見かけた人がいたら、「今日、あの馬、出ますよ」と誰でもいいから教えてくれ。私、絶対に忘れているような気がする。

1月の中山が大不調で、2月の府中がやや上向き（それでも中山の負けを取り戻すにはいたらず）、というのが今年の流れだが、せっかくよくなったバイオリズムが開催が替わることで悪くなることが不安であった。開催が替わると、どういうわけか、本当に流れまで変わるのだ。不調のときは開催が替わることを待ち望むが、だから逆のときは、イヤだなあと思うのである。本当に変わるんですね、流れが。今週は土日とも自宅でＰＡＴ参戦だったが、どうしてあんなに買っちゃったのか。もっと冷静になればいいのに、どかんどかんと買って、勝手に沈没するのである。日曜の最終レースが終わってみると、今年最大の負け。日曜にユーちゃんと小倉競馬場に出撃したオサムからは、日曜夕方にメールが来たが、彼も「今年最大の負け」だって。おお、私だけではないのか。

そのオサム、日曜阪神のメイン、阪急杯ではヒルノデイバローの単勝を買っていたらしいが、トーキングドラムを追いつめたヒルノデイバローに「四位四位四位」と叫んで、レースが終わってからユーちゃんに「四位じゃなかと」と言われたとのこと。ヒルノデイバローは前走まで四位が乗っていたから、それで間違えたのか。こういうことは私にもあるから、人のことを言えた義理ではない。ずいぶん昔、府中の六社特別という２０００ｍ戦で、「コワタコワタコワタ」と思い切り叫び、しかもその馬が綺麗に差し切ったから、「よし！」とガッツポーズまでしたことがある。ところがモニターのカメラが勝った馬の騎手をアップにしたら、それが外国人で、「いつからコワタはあんな顔になったんだ」と驚いたことがある。違う馬を叫んでいたんですね。オサムの阪急杯の場合は、声援する馬は正しくて騎手名を間違えたケース。私の六社特別は、声援する馬そのものを間違えたケース。私のほうがひどいか。

それはともかく、この開催はあと3週続くわけで、なんとか打開策を考えないとこのままでは大変なことになる。しかしどんな打開策があるのか、さっぱりわからないから途方にくれている。私がいま考えているのは、3月から暮れまで続く遠征計画のことで、春の阪神ではビフカツを食おうとか、夏の小倉では「ごぼ天」を食べようとか、おお、食い物のことばかりか。そういう愉しい遠征のためにも早く打開策を考えたい。

13番人気の馬をなぜか買っていた！

日曜日の朝、「ただいま小倉競馬場に到着しました」とオサムからメールが来た。指定席からコースを見下ろす写真が添付されている。遠く離れた東京の自宅の居間でその写真を見ると「競馬場はいいなあ」という気になってくる。緑の芝コースを見るだけで、競馬場にいるときの胸の鼓動が蘇るのだ。馬券を買うだけなら、どこにいても同じなのだが、やはり競馬場がいい。1Rが始まるまでのこの時間が好きです、とオサムも書いていたが、本当にそうだ。指定席について1Rが始まるまでの間、ゆっくりコーヒーなどを飲んでいると、ふつふつと闘志が湧いてくる。おやっと思ったのは、そのメールに、私のいちばん好きな席「36オ」です、との一文があったことだ。オサムとはずいぶん前から一緒に競馬場に行っているが、そんなの初めて聞いた。好きな席があるの？　すぐに返事が来た。すると「オ36」で「オサム」なんだって。なるほどね。

そのオサムが最初にヒットしたのが阪神4Rの新馬戦。3番人気の⑦タガノリアンを軸にしてワイドを買うと、９番人気の⑪ヴァリーゲイトが勝って、オサムの軸馬が2着。ワイド⑦⑪２７１０円がヒットしたわけだが、当たったときはだいたいすぐに反省するもので、１万２５０円の馬連と、５１７０円の３連複、さらには8万強の３連単をなぜ買えなかったんだと猛省メールを送ってきた。たしかに⑦⑪のワイドを買えるなら馬連も買えただろうし、３着の⑥エイシンクリッパーは1番人気の馬だったので、３連複も３連単もけっして絵に描いた餅ではなかったろう。まあしかし、当たったからいいじゃないの。この日のオサムは冴えていて、次にヒットしたのが小倉5R。３歳未勝利の芝１２００m戦だが、１着⑩キットダイジョウブ（10番人気）、２着⑦デザートストーム（1番人気）の馬連１万１５５０円をゲット。さきほどの阪神４Rの馬連を取っていれば、万馬券2連続ゲットである。調子いいなオサム。いや、一つは馬連を買っていなかったからワイドだけの的中なんだけど。実は私もこのレースを取った。私は、２万９１００円の３連複だ。これくらいの時間にこれくらいの配当をゲットすると、ほっとしたものがある。しかしそれからはさっぱりで、小倉競馬場のオサムとのメール通信もお休み。何か書くことがないのにメールを出すことはできない。ところがオサムのほうにはドラマがあったんですね。最終レースが終わったときに、その後はいいことがありましたか?とメールを送ると、「阪神11Rでデムーロ小牧の馬連２２０倍が当たりましたが、勝負レースでことごとく外れて収支はマイナスでした。唯一3連単を買った弥生賞でも軸にした戸崎がハナ差4着という結果。こういう惜しいのも多かったですが、先週より叫べて楽しかったです」。

馬連220倍？　すごいね君は。こうなると、阪神4Rがつくづく惜しまれる。というのは、あのときに馬連を買っておくと、阪神4R1万250円、小倉5R1万1550円、阪神11R 2万2130円と、この日当たった3本がすべて馬連万馬券ということになるからだ。すごいねオサム。

このとき、私のPAT残高がなんだか思ったよりも多いことに気がついた。もっと少ないはずなのに、ヘンだ。そこで投票履歴を調べてみると、その日の受付番号がずらりと表示されていて、その中に☆印というのかぽちっと印のついた番号が二つある。これは当たったときにつけられる印で、それが二つあるということは、ゲットしたレースが二つあるということだ。えええ、ホントかよ？　一つは先に書いた小倉5Rだが、もう一つはなんだ？で、その番号をクリックして開けてみると、それが阪神11R大阪城ステークス。オサムが2万2130円の馬連を仕留めたレースである。1着①アストラエンブレム（デムーロ騎乗で1番人気）、2着⑨トルークマクト（小牧騎乗で13番人気）、3着⑪ガリバルディ（池添騎乗で4番人気）で、その6万6770円の3連複が当たっていた！　嘘！　私は4番人気の⑪ガリバルディを軸に3連複を買い、もちろん①アストラエンブレムはヒモの相手に拾っているが、13番人気の⑨トルークマクトなど選んだ覚えがない。手元の競馬新聞を見るとその⑨トルークマクトのところに紫色のマーカーで大きく○が描かれている。その○は、③レコンダイト（11番人気で10着）と、⑭ケイティープライド（10番人気で8着）のところにもつけられている。データか何かを見て、その3頭につけたのだろうが、記憶にないのだ。で、馬券を買うときにその紫印を見て、⑨トルークマクトをヒモの1頭に追加したものと思われる。馬連万馬券を2発取ってもプラスにならなかったオサム同様に、この3連複をゲットしても収支がマイナスだったことは反省しなければならないが、しかしそうとわかっていたら思い切り叫んでいたのに！

「勝つ前におごる作戦」だ

東京競馬場のスタンドから富士山が見えると、「その日のレースは荒れる」と言ったのか、それとも「その日のレースは荒れない」と言ったのか、どっちだっけ？　ずいぶん昔、ミー子が言ったのである。東京競馬場に行って、１Rが始まるまでの間、コーヒーを飲みながら、１コーナーの遙か彼方に聳《そび》える富士山に目をやるたびに、それを思い出す。曇っている日は見えないが、くっきりと富士山が見える日がある。いつだったか、その話をトシキにしたら「どっちなんだよ。はっきりしてくれよ」と言われてしまったが、そうだよな、はっきりさせたいよな。ところがそれから何度もミー子に会っているのだが、尋ねるのを忘れてしまって今にいたっている。ようするにネタとして面白いというだけで、重要なことでもないから、すぐに忘れてしまうのである。しかし、どうにも気になるので、よおし、今日は聞くぞ、とミー子に会うなり尋ねてみた。すると、「そんなこと、私、言いました？」だって。おいおい。

今週は名古屋在住のミー子を誘って中京競馬場に出撃したのだが、彼女は土曜夜の宴会から参戦で、それまでは博多からやってくるオサムと二人旅。最近はネット予約で指定席に入るというのが私らの通例になっているのだが、日曜の指定席は確保したものの、土曜はA指定が取れずB指定になってしまった。この時期は寒いので暖房完備のA指定に入りたいのだが、どうして土曜のほうが混んでるの？　土曜は開催初日で、しかも金鯱賞もあるから、なんだろうけど、そのために吹きさらしのB指定で寒さに震えることになった。B指定の問題は他にもあって、それは机にモニターがないので他場のレースを見ることができないこと。穴場の上のモニターには映るから、そこまで少し歩くのは面倒でも、他場のレースを確認できないわけではない。しかし最大の問題は、B指定に座っていると、締め切りのベルとかアナウンスが聞こえてこないことだ。だから、あっと気がつくと他場のレースが終わっていたりする。なぜ聞こえないのかというと、スタンドの中にある穴場と、指定席をつなぐ通路が限られているからだ。だからスタンドの中の音が外に漏れてこない。中京競馬場と同様に、指定席が吹きさらしで穴場はスタンドの中にあるという仕様の東京競馬場でこの問題がないのは、東京競馬場の場合は、指定席と穴場との間は全面ガラス張りなので、音が漏れてくる。たぶん、そういうことだろう。位置的にはB指定のほうが断然いいのだが（A指定はゴール過ぎなので）、このように問題も多々あるから、指定席選びは難しい。土曜のメインの直前、「ちょっと暖まってきます」とオサムが席を離れた。穴場のあるスタンドの中に入ると、中は暖房完備だから暖かいのである。ガラス戸を開けて中に入ると、かじかんだ手にさーっと温かい血が流れていくような感じがする。1〜2分、そこにいるだけで体がぽかぽかしてくる。レースが始まるからすぐに席に戻らなければならないが。

そのメイン、金鯱賞は、7番人気⑮ロードヴァンドールを軸にして3連複をゲットしたので、土曜夜の宴会は私のおごり。そうか、その土曜は名古屋駅で「ひつまぶし日本一弁当」というのをオサムの分まで買って競馬場に向かったのだが、「勝つ前におごる作戦」が成功したのかも。昨年暮れに中京に行ったときは、朝の喫茶店代金をオサムが払い、あっと驚く22万馬券的中という快挙をなしとげたが、あれも「勝つ前におごる作戦」が成功したに違いない。府中の大國魂神社の前を通りかかったとき何気なく礼をしたらその日は大勝ちしたことを思い出す。それに味をしめて通りかかるたびに何度も礼をしているが、それ以降はいいことがない。それはたぶん、今日も勝つかも、という邪念が入ると大國魂神社の場合は許されないからだと解釈している。それに比べて、この「勝つ前におごる作戦」は邪念が入っても大丈夫。ただしこちらは大國魂神社の場合とは違って、ただのゲン担ぎだから、効果がないことも往々にしてあるので期待しすぎないように。シゲ坊が電車に置き忘れた携帯を届けた日に、80万馬券を当てたことがあるので、おごらなくても「いいこと」をすれば同じ効果があるのかもしれないが、何が「いいこと」なのか、その判断が悩ましいから、実際に「いいこと」をするのは大変難しい。それよりもコーヒーや弁当をおごるほうが簡単だ。競馬友達と競馬場に出掛けるときは、ぜひお試しあれ。

日曜は3人ともに負けたので（私は土曜の浮き以上に負けてしまった）、割り勘になったが、まあ、このケースがいちばん多いですね。気の合った友と競馬場に行き、戦いの終わったあとにみんなでビールを飲む――この瞬間ほど、幸せを実感するときはない。私は昨年秋に古希を迎えたので、こういう生活をいつまでできるのかわからないが、この日々が続くことを願うのである。

レディアリエッタの後悔

2回中山7日目の1R。牝馬限定の3歳未勝利ダート1800m戦を勝ったのは13番人気の⑭セラファン、2着が10番人気の⑮ビッザーロ、3着が9番人気の②グレイスニコ。3連単が700万という超大荒れのレースだが、すぐにオサムからメールが来た。

「中山1Rはすごい配当ですね。朝一からあんな馬券を取った人はこのあとどんな馬券を買うんですかね。冷静にいつも通りの馬券を買えるのか。バカみたいに買いすぎてしまうのか。おとなしく今日は買わないのか。一度でいいから、朝からあんなにすごい馬券を当ててそんなことを悩んでみたいです」

ずいぶん昔、やはり朝から大荒れレースが飛び出したとき、タナカ課長が「こんな馬券、一度でいいから取ってみたいなあ」と言ったことがある。私が「こんな馬券取ったら、人生がおかしくなりますよ」と言うと「おかしくなってもいいなあ」と言った。そうか、おかしくなってもいいから大万馬券を取りたいか、と感心したことを思い出す。一度でいいから大金を手にしたいというのは競馬ファンの見果てぬ夢なのだろう。

　実はこの中山1Rで2着した10番人気の⑮ビッザーロがパドックの段階から気になっていた。ここが初出走のクロフネ産駒である。この時期は毎年、初出走の馬が激走すること、パドックの気配がよかったことなどから、その複勝に1000円入れるかどうか最後まで悩んだのである。結局買わなかったのは、朝から1000円捨てることもあるまいと思ったからだ。その複勝は970円。買っていれば、9700円になっていたわけだが、まあ、たいした金額ではないから、特にショックは受けなかった。この⑮から馬連総流しをすれば、15万の馬連が当たったわけだが、そんなことは最初から買うつもりはなかったので絵に描いた餅にすぎない。ところが後から考えれば、これが地獄の幕開けだった。今週は3日間開催だからおとなしくしようと思ったのである。前日の土曜は一本も当たらなかったが、3日連続の初日であるから丁寧に負けた。そして迎えた2日目なのだが、この日も静かに買うつもりであった。基本的に飛ばしたくはないけれど、万が一に飛ばすのなら3日連続の最終日だけ。途中から飛ばしたら負けが膨れ上がって大変なことになるから、これは重要である。そう言い聞かせていた。

　ところがこの日の阪神4Rのパドックで、⑩レディアリエッタを見たのだ。前走の新馬戦は2番人気で3着。ここが2戦目の馬だ。ディープインパクト産駒の牝馬で、阪神内回りの2000mから外回りの1600mに変わるのである。外回りの1600mならディープの庭だ。藤原英厩舎で、鞍上は岩田。それでパドックの気配が超ぴかぴか。なのに4番人気とはおいしい。その単勝は14倍、複勝は3倍。ここでいかなくていつくのだ。誰かが耳元で囁く。全然買うつもりもなかったレースだが、買え買えと誰かが言う。そのときに私の背中を押したのが中山1Rの⑮ビッザーロだった。パドックの気配のいい馬が2着に来たではないか。⑮ビッザーロは10番人気の馬だった。それに比べてこの⑩レディアリエッタは4番人気だ。それでパドックのデキは、⑮ビッザーロの数倍もいいのだ。どうしてこの馬が4番人気に甘んじているのか、それが私には理解できない。そうだ、⑮ビッザーロだって来たのだ。こうなると誰も私を止められない。⑩レディアリエッタの単勝を2000円、複勝を5000円。これだけで勘弁してあげようかとも思ったが、こんな儲け話をお前は単複だけで見逃すのか、という声もしたので、馬連に3連複、さらに3連単といったいいくら突っ込んだんでしょうか。たとえ相手をへぐっても、単複があるから絶対に損はしないという妙な安心感があった。3倍の複勝を5000円買っているのでそれだけで配当は1万5000円。ということは、1万5000円までは買っても大丈夫ということだ。複勝で元金を押さえているので、あとは当たればすべて儲け。そういう計算だった。その金額以上に買ってしまったのは問題だが、なあに単勝馬券もあるのだ。その⑩レディアリエッタ、スタートと同時にぽんと飛び出して外の5番手。なにもしないまま馬なりで4コーナーでは3番手。もうもらったも同然だ。さあ、来い。余裕でテレビを見ていると、えっえっえっ、⑩レディアリエッタ、そこから伸びてこない。まさか、嘘だろ。そんなバカな。馬群に沈んでいく⑩レディアリエッタを信じられない思いで見ていた。

こうなるともう誰も止められない。取り戻そうとすると負けは倍に膨れ上がる、という名言通り、午後も飛ばしっ放し。ガツンガツンと入れたものが当たればいいが、こういうときに当たるわけがなく、さらに月曜競馬になっても止められず、終わってみると3日間ボウズで本年最大の全治3ヵ月。もうだめだ。私、しばらく謹慎する。

838倍の3連複が当たった？

3回中山2日目のメインは、第24回マーチS。前日予想の本命は、7番人気の⑧リーゼントロックだったが、パドックを見た途端に気が変わった。10番人気④インカンテーションの気配がいいのだ。2年前のフェブラリーSでコパノリッキーの2着した馬だ。その年の平安Sを逃げ切ったあと、長い休みを2回挟んでいるので、前4走の馬柱は汚れているが、叩き3走目ならここで変わっても不思議ではない。57・5キロというのも上から2番目。ハンデキャッパーもその実力を認めているのである。逃げ馬は外に⑩コクスイセンがいるが、④インカンテーションは逃げなくてもいいのだ。これなら楽に番手を取れそうだ。人気馬がどれも差し馬というのもいい。実は昼の段階で、前日予想の本命である⑧リーゼントロックを軸にした3連複馬券はすでに買っていた。この日は高松宮記念があるし、WIN5もあるので、このあたりは忙しくなると思い、マーチSの馬券はすでに購入ずみなのである。その⑧リーゼントロックも気配がいいので、このままでもいいか、という気もして迷う。⑧を軸にした馬券では、④インカンテーションを1円も買っていない。さあ、どうする？　あのパドックを見ちゃうとスルーできないよな、と結局は④を軸にした馬券を追加。3連複36点買いである。1点100円なので、3600円。これくらい増えてもいいだろう。

その④インカンテーション、スタートと同時にポンと飛び出したが、外から⑩コクスイセンと⑭アスカノロマンが来ると、無理に行かずに3番手。インでじっと我慢の競馬が続き、4コーナーを回ったところで、鞍上勝浦の手が激しく動いた。⑩コクスイセンと⑭アスカノロマンの外から差して、なんとなんと、先頭に躍り出たのだ。本当か、本当にお前が来るのか！　「カツウラカツウラ！」「勝浦勝浦勝浦！」。テレビに向かって叫ぶ。ここが競馬場なら気持ちよかっただろう。なにしろ10番人気の馬なのである。「どこに勝浦なんているんだよ。えっ、いま先頭に立った馬か」などと、私の声が耳に入ったおやじたちはコノヤロと思ったに違いない。競馬場で叫びたかったなあ。「かつうらKATSURA勝浦！」。外から伸びてきたのは⑮ディアデルレイ、内で3番手に残るのは⑭アスカノロマン。一瞬、この⑭を押さえたかどうか脳内の記憶装置が激しくぐるぐる動いたが、結果が出る前に外から伸びてその⑭を差して3番手に上がったのが⑤アルタイル。おお、この馬は持っている！　最後の最後に、迷った末に付け足したからはっきりと覚えている。だか

3回中山2日　11R　マーチS

着順	予想	枠番	馬番	馬名	性齢	斤量	騎手	タイム	着差	通過順	上り	人気	単勝オッズ	体重増減	厩舎
1	△	❷	④	インカンテーション	牡7	575	勝浦正	1.52.0		3 5 3	内38.3	⑩	25.4	504−2	東羽月友
2	▲	❽	⑮	ディアデルレイ	牡6	55	木幡巧	1.52.1	1/2	3 2 3	中38.6	②	5.4	510−2	南牧　光
3		❸	⑤	アルタイル	牡5	54	田中勝	1.52.2	1/2	11 12 9	中38.1	⑪	35.6	488 0	北手塚貴
4	△	❻	⑫	ロンドンタウン	牡4	57	柴山雄	1.52.3	首	5 4 5	中38.7	③	5.8	514−2	東牧田和
5		❼	⑭	アスカノロマン	牡6	58	木幡広	1.52.3	鼻	2 1 2	内38.9	④	7.9	524+4	東川村禎
6		❹	⑧	リーゼントロック	牡6	55	松岡正	1.52.4	3/4	5 5 5	中38.7	⑦	13.4	526+4	東矢作芳
7	◬	❸	⑥	メイショウスミトモ	牡6	56	和田竜	1.52.5	1/2	9 9 10	中38.5	⑤	11.2	478+2	東南井克
8		❺	⑩	コクスイセン	牡4	54	横山典	1.52.6	1/2	1 2 1	内39.2	⑨	24.2	518 0	東寺島良
9		❹	⑦	ディアドムス	牡5	54	江田照	1.52.6	鼻	⑭ 15 15	外38.0	⑮	72.6	504 0	南高橋裕
10	○	❺	⑨	マイネルクロップ	牡7	56	嘉藤貴	1.52.7	首	⑫ 9 10	外38.8	⑫	40.2	522−6	東飯田雄
11		❽	⑯	ストロングサウザー	牡6	57	北村宏	1.52.8	1/2	8 7 7	中39.0	⑬	55.5	482+3	南久保田貴
12	◎	❻	⑪	コスモカナディアン	牡4	56	柴田大	1.52.9	1/2	7 7 7	中39.1	①	3.7	480+4	北金成貴
13		❶	②	ショウナンアポロン	牡7	56	丸田恭	1.52.9	鼻	⑯ 16 16	外**37.5**	⑧	16.5	522−4	南古賀史
14		❶	①	ハッピースプリント	牡6	56	蛯名正	1.53.2	1¾	⑮ 13 13	外38.9	⑭	60.4	540+3	大井森下淳
15		❼	⑬	シルクドリーマー	牡8	53	津村明	1.53.5	2	⑬ 13 13	内39.1	⑯	87.5	488 0	南黒岩陽
16	△	❷	③	ピットボス	牡4	55	柴田善	1.53.5	頭	9 9 10	内39.5	⑥	12.0	514−4	東清水久

単④2540円　複④680円　⑮230円　⑤820円　　ブリンカー＝⑮⑤⑦
馬連④—⑮10760円㊵　　枠連❷—❽2260円⑩
馬単④—⑮25160円㊇87　３連複④⑤⑮83890円215
３連単④⑮⑤466890円1191
ワイド④—⑮3380円㊴　④—⑤10310円85　⑤—⑮3350円㊳

らゴールと同時に、「よし！」とガッツポーズ。グリーンチャンネルは、「確定」ランプがつく前に、1、2、3着の着順を表示し、その最終オッズも教えてくれるのだが、それによると1着④インカンテーションは10番人気、2着⑮ディアデルレイは2番人気、3着⑤アルタイルは11番人気。3連複は、どかーんと838倍。3連単の最終オッズも表示されたが、買わなくなると3連単をチェックしなくなるので、そんなのはいくらでもよろしい。「よし！」「よし！」「よし！」。思わずテレビの前で3回、ガッツポーズ。

実はあまりに当たらないので、今週から複勝リハビリを始めることにしたのである。少し前にWIN5の資金作りを兼ねて、複勝ころがしをやっていたことがある。2倍の複勝に3000円入れて、首尾よく当たれば、それをもう一度2倍に突っ込み、それも当たれば総額1万2000円。私のWIN5は、1万〜

1万2000円くらいの投入なので、ちょうどいいというわけで始めたのだが、これが途中から全然当たらなくなってやめてしまった。最初のうち、結構当たっていたのはなぜなのか、今となっては不思議だが、本当に当たらない。今週から始める予定の複勝リハビリは、WIN5の資金作りとは関係ないので、1回1000円ぽっきり。ようするに、馬券が当たるという訓練をしたいのである。前日にみっちり検討した結果、候補は5つ。そのうち買ったのは中山4Rと中京5R。迷った末にやめたのが阪神5R、中山5R、中山6R。自分でも信じられないが、買った2つが外れ、ケンした3つが当たり。絵に描いたような結果で、自分でも信じられない。特に中山5Rの⑩マッシュクール（7番人気）の複勝はなんと1010円。どうして買わないんだ！

えーと、この先が書きにくい。実は高松宮記念を買うとき、PATの残高が増えていないことに気がついたのだ。え、どうして？　838倍を当てたのに、なぜ残高が増えないの？　急いで調べてみると、⑧からの馬券には2着した⑮が入っているが、④からの馬券にはこの⑮が入っていない！　11番人気の⑤を入れているのに、2番人気の馬をなぜ入れなかったのか、いくら考えてもわからない。838倍は幻の的中だったのだ！　そんなバカな！

空気読めよお

2回阪神4日目の8R。4歳上1000万下のダート1200m戦だが、逃げた⑪セレッソブランコが粘るところに、番手につけていた⑥サイタスリーレッドが襲いかかり、あっと言う間に先頭に躍り出る。3番手にいるのは④クールゼファーだ。急いで後ろを見ると、おお、後ろはちぎれている！　よおし、このままだ。④は1番人気、⑥は4番人気だから、たいしたことはないが、逃げ粘る⑪は12番人気の馬なので、このままの態勢で決まれば、3連複は350倍。私、この3連複を1000円持っていた。つまりこのまま決まれば配当は35万。一つのレースで35万を手にするなんて百万年ぶりである。「そのままそのまま！」。デムーロ騎乗の1番人気④クールゼファーがぐんぐん伸びて、粘る⑪セレッソブランコをかわして2番手に上がるが、私は3連複なので、これでも大丈夫。1番人気と4番人気の馬連が当たりそうになって「そのまま」と叫んでいると思われるのもシャクなので、「オギノオギノ！」と連呼。12番人気の⑪セレッソブランコを私は買っているのだぞ

2回阪神4日　8R　4歳上1000万下

着順	予想	枠番	馬番	馬名	性齢	斤量	騎手	タイム	着差	通過順	上り	人気	単勝オッズ	体重増減	厩舎
1	▲	❸	⑥	サイタスリーレッド	牡4	57	高倉稜	1.10.2		4 2 2	中35.4	④	14.0	480+2	栗東佐藤正
2	◎	❷	④	クールゼファー	牝4	55	Mデムー	1.10.3	1/2	2 3 4	内35.4	①	1.6	540+8	栗東吉村圭
3		❶	②	サーティグランド	牡5	56	義　英	1.10.8	3	⑫ 13 12	中34.8	⑦	31.4	506-8	栗東崎山博
4		❻	⑪	セレッソブランコ	牝5	53	荻野極	1.10.9	3/4	1 1 1	内36.3	⑫	114.0	466-10	栗東奥村豊
5	△	❹	⑧	タガノヴィッター	牡4	57	藤岡康	1.11.0	3/4	11 11 11	外35.2	②	5.5	502-4	栗東牧浦充
6	△	❻	⑫	ブルームーン	牡5	57	川田将	1.11.1	1/2	16 16 16	内35.1	③	6.4	468 0	栗東清水久
7		❺	⑨	サンビショップ	騸5	57	川島信	1.11.1	鼻	12 11 12	中35.4	⑧	39.2	460 0	栗東谷　潔
8		❸	⑤	ダイシンバルカン	牡5	57	松山弘	1.11.4	1 3/4	4 5 7	中36.3	⑬	143.6	504 0	栗東吉田直
9	○	❽	⑮	クリノシャンボール	牡4	56	鮫島駿	1.11.6	1 1/2	4 3 3	中36.6	⑥	21.3	482 0	栗東川村禎
10		❼	⑭	ワンダーヴィーヴァ	牡7	57	小牧太	1.11.9	1 1/2	⑩ 9 ⑨	外36.4	⑩	57.7	556-4	栗東笹田和
11		❺	⑩	メイショウカフウ	牡6	54	森　裕	1.12.1	1 1/4	8 8 4	外36.8	⑮	183.6	486-2	栗東藤沢則
12		❶	①	ウォーターメアヌイ	牝5	54	岩崎翼	1.12.1	首	8 9 7	中36.7	⑯	299.8	432+2	栗東田所秀
13	△	❹	⑦	ドラゴンシュバリエ	牡4	57	福永祐	1.12.2	首	7 6 4	中37.0	⑤	16.4	510+2	栗東角田晃
14	△	❷	③	シルバードリーム	牝4	53	坂井瑠	1.12.8	3 1/2	2 6 9	内37.6	⑨	47.5	462 0	栗東加用正
15		❽	⑯	キョウワエステル	牝4	55	竹之下智	1.12.9	3/4	12 16 16	外36.8	⑪	77.4	458-10	栗東千田輝
16		❼	⑬	リッシンロケット	牡7	57	内田博	1.13.0	1/2	12 14 16	中36.9	⑭	165.0	484+4	栗東作田誠

単⑥1400円　複⑥260円　④110円　②380円
馬連④―⑥1010円③　　枠連❷―❸1040円③
馬単⑥―④4000円⑪　３連複②④⑥7160円⑳
３連単⑥④②48500円129
ワイド④―⑥500円④　②―⑥3210円㉘　②―④820円⑦

と周囲に宣言したわけである。「そのまそのま！」「オギノオギノオギノ！」「OGINO荻野オギノ！」。ちぎれた後方から、何か1頭飛んできたが、これだけ離れていれば大丈夫だろう。⑪セレッソブランコが3着に残りさえすれば、35万なのだ。楽しいぞ競馬。いくら負けていても、こういうことが時にあるから競馬はやめられないのだ。最後の100mがこうして始まった。「そのままそのまま！」「オギノオギノオギノ！」「OGINO荻野オギノ！」。

今週は大阪杯ウイークに阪神競馬場に出撃したのだが、いつもと違って三宮に宿泊。初体験である。阪神に行くときは梅田のホテルに宿泊するのが常だったが、最近は梅田界隈のホテルが予約しにくくなっている。気のせいか料金も以前に比べて高くなっているような気がしないでもない。阪神競馬場は大阪と神戸の、だいたい中間に位置しているので、梅田から行っても三宮から行っても、ほとんど時間差がないから、じゃあ今回は三宮に泊まろうとなったわけである。すごいですね三宮。私、地下街で迷子になりました。三宮の地下街は迷路のように果てしなく延々とつながっているのだ。三宮入りした金曜の夜は、天ぷらの「まきの」という店に行きたかったのだが、全然たどりつけない。結局ぐるぐる歩き回って1時間後に目当ての店に無事到着。地方在住の人が新宿に来て、地下街で迷ったという話を聞くたびに、どうしてあんなにわかりやすいところで迷うんだよと思ったものだが、これからはそういう失礼なことを思いません。三宮はおいしい店も多く、飲み屋も安く、すっかり気にいってしまった。

ところで阪神競馬場の入り口から正門までの間に、ポスターというか、フラッグというか、縦長の絵がずっと飾られている。競馬場の風景だったり、馬の絵だったりするが、これがとても雰囲気のある絵で、素晴らしい。仁川の駅前にも同じ作者と思われる大きな絵が壁に描かれている。これ、絵はがきにしてもらえないだろうか。子供向けのかわいらしいものだけでなく、大人の鑑賞に堪えるこういうものも販売してほしい。そうだ、ついでにもう一つ、GIの日はマフラータオルを購入するのが私とオサムの恒例なのだが、D賞のボールペンの仕様が変更になっていてびっくり。こういうのは好みの問題だから何とも言えないが、見た瞬間、「ちゃっちい！」と思わず言ってしまった。今回のほうがいい、と言う人もいるかもしれないが、私の好みでは断然以前のほうが上。ＧⅠプラス夏競馬の期間、このマフラータオル（実はボールペンが目当てだ）をいつも買っているから、自宅にはタオルが山のようになっている。この新ボールペンを見た途端、よかったこれで次から買うのをやめられる、と思ったので、今回の変更は結果的にはよかったかも。

土曜は「勝つ前におごる作戦」（土曜に競馬場で合流したオサムが新神戸駅で駅弁を買ってきてくれた）が功を奏してオサムが大勝。そのお返しに日曜は私が昼飯をおごったが、ということは日曜は私の勝ちだ！　それがこのレースだ！　３番手で粘る⑪セレッソブランコに迫ってきたのは、後続馬群からただ1頭抜け出してきた7番人気の②サーティグランド。やめなさい義、だめだめお前はだめなの。最初は余裕があったものの、じりじりと迫られるとだんだん不安になってくる。なあに、ゴールまでかわされなければいいのだ。そこまではもつだろう。もつよね？　えっ？　なんとなんと、⑪はゴール10m前でかわされて4着。シゲ坊なら、②の鞍上である義に対して「空気読めよお」と言うところだ。３連複の②④⑥も押さえていたが、こちらの配当は71倍。しかもこの馬券は２００円しか持ってない。配当にこれだけ差があるのはショック。今週の教訓。競馬は最後まで何が起きるかわからない！

面白競馬本のこと

野中香良『馬券しくじり先生の超穴授業』（競馬ベスト新書）を開いたら、いきなり笑ってしまった。本の冒頭に、1枚の馬券が大きく掲げられている。2016年4月10日の福島11R福島民報杯の3連単馬券である。1着欄に①と③、2着欄にその2頭プラス④と⑫、3着欄にその4頭プラス⑤と⑧と⑩。単位は100円で、30点だ。このレースを勝ったのは9番人気の③シャイニープリンス、2着が6番人気の①ヤングマンパワー。なんと1着欄に置いた2頭のワンツーである。その馬単は3万560円。実に鋭い馬券と言っていい。このレースの3着は2番人気の⑯ヤマニンボワラクテ。それで3連単が28万9480円。ではこの3連単も当てたのか、と思うところだが、3着欄に⑯がない！　繰り返すが、3着欄にあるのは、①③④⑤⑧⑩⑫の7頭だ。いくら探しても、⑯はない。1～2着を鋭く当てているのに、2番人気馬が3着欄にないために、この約29万馬券が抜け。いやはや、実に惜しい馬券である。

笑ってしまったのは、その馬券に大きく「ハズレ」とあったからだ。競馬本に馬券が載っていれば、だいたい当たり馬券であることが多い。こんな穴馬券をゲットするには、どんな馬券作戦があるのだろう、と読者の興味を引くためには大穴馬券であればあるほどいい。私、書店の競馬本コーナーで新刊を見かけるたびに買ってくるので、そういう当たり馬券の見本に慣れている。で、この本を新刊コーナーで手に取って、本を開いたら、いきなりこの「ハズレ」が目に飛び込んできて、笑ってしまったのである。どうやら、巷《ちまた》に多い「必勝本」ではないようだ。これは面白そうだと買ってきた次第だが、冒頭の外れ馬券は序の口で、もっとすごいハズレが山のようにあるから圧倒されてしまった。すごいのは、単勝10番人気以下の穴馬をずばずば当てることだ。にもかかわらず、結果的に馬券を外すのは福島民報杯の例に見るように人気馬を買わないからである。もちろん当てた馬券も多いと思われるが、この本に載っているのは外れ馬券ばかりでそれが壮観である。

ずっと昔、フジイ先輩から「お前のエッセイはいいなあ。こんなに負けているやつがいるのかと思うと慰められるよ」と言われたことがあるが、先輩の気持ちが今回初めてわかった。野中香良さんのこの本を読んで、私も慰められたのである。そうかそうか、負けているのは私だけではないのだ、と思うと、ほっとするものがある。ただし、これだけは書いておかなければならないが、野中香良さんのほうが、私よりも遙かに馬券がうまい。「しくじり馬券王のスゴ穴発見術」と帯にあるように、単勝10番人気以下の穴馬をどうやって発見するのかという「野中式・前2走着順の穴法則」が本書に載っているので、興味のある方はご覧ください。こういうフォームがきちんとあることが、まず素晴らしい。私などは、常にふらふらとしていて、いまだに馬券フォームが定まらない。

たとえば3回中山6日目の4R。3歳未勝利、牝馬限定の芝2000m戦だが、向こう正面で一気にまくった④エミットライトが、逃げた⑪ラグナアズーラをかわして先頭に躍り出る。⑪は1番人気、④は5番人気である。このままの態勢で決まれば馬連が当たるけれど、そんなにうまい話はないだろう。その前日の土曜日、19レース買って1本も当たらなかったのだ。この日も朝から馬券を買って、ここまで6レースに手を出してハズレ馬券の山。そんなやつが簡単に当たるわけがない。と思って見ていると、4コーナーで外から8枠の2頭が先を行く2頭に並びかけてくる。先行馬が後続馬にのみ込まれて沈んでいく展開は飽きるほど見ているから、④もここまでかと思っていると、この馬、意外にしぶとい。のみ込まれるどころか後続馬を引き離しにかかるのである。2番手の⑪もしぶとく、おお、それならそのままだ。待てよ、1～2着がこのままなら馬連が当たるけれど、3着が⑰ラレゾン（4番人気）なら3連複も当たるではないか。直線を向いて3番手にいるのがその⑰、すぐ後ろにいるのが⑮ネオヴィットーリア（6番人気）。おお、そのままだ。テレビに向かって「そのままそのまま！」と連呼すると、本当にそのままの態勢でゴール。結局、馬連2130円と、3連複4540円が当たったわけだが、複雑な気持ちになるのは、本当にこれでよかったのだろうかという思いがあるからである。

というのは私、3連複では100倍以下をこれまでずっとカットしてきた。そんな低配当馬券を当てても仕方がないと思っていたからだ。ところがあまりに当たらないので、たまには100倍以下でもいいんじゃないのかと、このレースでは買ってしまったのである。たまたま今回は当たったけれど、こんなふうにフォームをころころ変えていいんだろうか。私には、野中香良さんの潔さが微塵もない！と深く反省するのである。

降参の春

皐月賞の日、あまりに暑いので地下のターフィーショップにTシャツを買いに行き、トイレで着替えてから席に戻ると、オサムが私を見て「キタサンブラックのファンだったんですか」と言う。なにそれ？　どうやら私の買ったTシャツはキタサンブラックの勝負服仕様だったようだ。フリーサイズのTシャツは3種類しかなく、いちばん地味な茶色を選んだだけなのだが（あとは黄色が目立つやつと、赤が目立つやつで、ちょっと派手だから手がのびなかったのである。それがマカヒキとサトノダイヤモンドの勝負服仕様であることはオサムが教えてくれた）、まさかキタサンブラックとはね。それを知ってしまうと、キタサンブラックが出走する日の競馬場には着て行きにくい。ま、家で着るからいいけど。ターフィーショップでTシャツを選んでいたら青年二人に「藤代さんですか。いつも愛読しています」と声をかけられたが、別のところでは「今度三宮に来たら寄ってください」と中年男性に飲食店の名刺を渡された。先日、大阪杯ウイークに三宮に泊まった回を読んでくれたようだ。まことにありがたい。昨年夏にグリーンチャンネルの「競馬場の達人」に出演して以来、競馬場で声をかけられる機会が増えた。

今回は皐月賞ウイークに上京したオサムと一緒に津田沼のホテルに宿泊したので、遠征気分だった。ホテル近くの飲み屋で飲んで、同じホテルに泊まり、翌朝はホテルのロビーに集合してから競馬場に出撃。その形態はすっかり遠征である。毎年夏、私が小倉に行くときオサムは小倉のホテルに宿泊する。オサムの自宅がある博多から小倉までは新幹線で15分なので、自宅から通えないことはないのだが、そうして彼は毎年、束の間の遠征気分を味わっている。そういえばずいぶん以前、府中のホテルに泊まったことがあるが、あれも遠征気分を味わいたかったのだろうか。

ところでこのところ、「勝つ前におごる作戦」が成功している。大阪杯ウイークでは新神戸駅で「ひっぱりだこ飯」を買ってきてくれたオサムが土曜に勝ち、日曜は昼食をおごった私が勝った。日曜阪神8Rで35万を逃がした話しか当欄では書かなかったが、他のレースを仕留めたのである。土曜の負けを補填するところまではいかなかったが、日曜だけの収支で言えばプラスはプラス。というわけで、今回は土曜に私が東京駅で駅弁を買っていった。本当は「峠の釜飯」を買いに行ったのだが、大混雑の中で探しきれず、米沢の弁当「牛肉どまんなか」を購入。東京駅で弁当を買ったあと総武線（快速）に乗ったら西船橋に止まらないので驚いたが、勝つ前におごったのに土曜は惨敗。そんなにうまい話はないのだった。

日曜はオサムに気をつかわせるのも悪いので昼食を早々と辞退したが、にもかかわらずオサムはプラス。おごらなくても勝つときは勝つのである。対して私は日曜も惨敗。なんと全治2ヵ月を超える大重症で、もう立ち上がれない。日曜の帰りに西船橋の飲み屋で生ビールを飲んでも、気がつくとため息が出ているありさまだ。帰宅してから収支ノートに今週分の負けを記入して、今年の1月から皐月賞の開催までのマイナスを計算すると、近年にない大負債。この3年ではいちばんマイナスが多く、同時期にこれだけのマイナスを抱えたのは4年前に遡る。そんなに負けたのか4年前も。

その年の収支ノートを見ると、マイナスはさらに増える一方で、とうとう夏競馬の終わりとともに記入を中止。その最後に記入した合計の負債額がおそろしい。そこには秋競馬以降のマイナスが加算されていないわけだから、いったい年末までいくら負けたのか、想像するだけでおそろしくなる。よくそんな金があったよな、4年前。それから3年間、順調(?)に負けているから、いまの私には4年前ほどの金銭的な体力がない。今年、そんな額に到達したら、競馬生活を続けていることは不可能だ。ひらたく言えば、パンク確定である。そういう事態を迎える前に、今年はもう降参する。来週から10週連続の春の府中開催が始まるが、私が毎年大負けする開催だ。来年以降も競馬を続けるために、一年でいちばん素晴らしい季節の競馬を、自重する。いや、馬券は買うけれど、100円馬券師として1レース200円とか300円、そういう静かな競馬生活を始めたい。

皐月賞の返し馬でいちばん素軽かったのはアルアインで、ファンディーナとの馬連（約40倍）を5000円買って、3連単や3連複をばしばし買ったことを思い起こす。そのときは自信たっぷりだったのだが、もしもあのとき、ペルシアンナイトとの馬連を5000円買っていたらいくらになったのか。この2頭を軸に総流しの3連単マルチを買っていれば、簡単に100万円が当たっていたのに、そういうことをなぜ思いつかなかったのか、とかなんとか、いつまでもぐじぐじ考えているのである。

レートを極端に下げた日

3回京都2日目の1R。牝馬限定の3歳未勝利ダート1200m戦だが、8番人気の⑭ゼットパールが気になった。ここが4戦目の馬だが、アイルハヴアナザー産駒の初ダートなのだ。専門紙には前3走しか載ってないが、4走前の新馬戦(昨年夏の小倉芝1200m)では2番人気で3着した馬である。その後の3戦が、9着9着17着という成績なので一気に人気を落としているが、初ダートで変わっても不思議ではない。先行できるのも未勝利戦では強み。いつもならこういう馬の単複を各1000円。さらに競馬エイトの本命対抗▲の3頭に馬連を各1000円。これで合計5000円。ここでやめるか、そのあとで3連複を追加するかどうかは、そのときになってみないとわからないが、単複と馬連は間違いなく買っていただろう。しかし先週で私、パンクしたのだ。本来なら競馬をやめたいところなのだが、そういうわけにもいかないので今週から最小単位で馬券を買うと決めたのである。黙ってケンが、ただいまの正しい姿勢なのだが、競馬場に来ているんだから少し

3回京都2日　1R　3歳未勝利

着順	予想	枠番	馬番	馬名	性齢	斤量	騎手	タイム	着差	通過順	上り	人気	単勝オッズ	体重増減	厩舎
1		❼	⑭	ゼットパール	牝3	54	川須栄	1.12.5		2 2 2	中36.8	⑧	51.0	436－4	棘宮　徹
2	◬	❺	⑩	エイドローン	牝3	54	幸　英	1.12.6	¾	5 3 4	中**36.6**	④	5.7	476－4	棘鈴木孝
3	○	❷	④	ジョーカルーア	牝3	54	Mデムー	1.12.9	2	5 3 4	内37.0	①	2.5	522＋2	棘松下武
4	▲	❹	⑧	ティアドーロ	牝3	54	川田将	1.13.2	1¾	1 1 1	内37.6	②	4.9	466－6	棘吉田直
5	◎	❽	⑯	オールエリザベス	牝3	54	酒井学	1.13.5	2	3 3 3	中37.5	⑤	9.3	438－2	棘藤沢則
6	△	❸	⑥	ウインクルチェリー	牝3	54	太宰啓	1.13.6	½	⑩ 9 6	外37.1	③	4.9	510＋2	棘高橋亮
7	△	❷	③	アビイロード	牝3	54	小牧太	1.14.1	3	9 9 8	内37.7	⑦	24.7	418－2	棘松永昌
8		❸	⑤	コパノオリジナル	牝3	54	国分優	1.14.1	首	11 11 10	中37.5	⑮	224.5	434＋2	棘渡辺薫
9		❹	⑦	ヤマカツバーバラ	牝3	54	田中健	1.14.2	¾	11 11 10	中37.6	⑥	22.2	438－6	棘福島信
10		❽	⑮	ビターココア	牝3	54	水口優	1.14.5	1¾	3 3 6	中38.5	⑬	128.7	484＋2	棘崎山博
11		❻	⑪	アルムハート	牝3	51	森　裕	1.14.6	½	⑭ 14 13	外37.3	⑫	127.0	424－6	棘宮　徹
12		❶	②	メイショウモーント	牝3	51	富田暁	1.14.9	1¾	⑯ 16 16	内37.2	⑩	103.6	434	棘笹田和
13		❶	①	スウェルドリーム	牝3	54	柴田未	1.15.1	1¼	⑪ 13 13	内38.1	⑭	166.7	498 0	棘田所秀
14	△	❻	⑫	ファイヤーローズ	牝3	54	古川吉	1.15.1	首	7 7 8	外38.8	⑨	58.0	442－10	棘宮　徹
15		❺	⑨	エイユーエンプレス	牝3	54	菱田裕	1.15.4	1¾	15 15 15	中37.9	⑯	227.4	410＋4	棘川村禎
16		❼	⑬	ロンドジョワイユ	牝3	52	城戸義	1.15.5	¾	7 7 10	外39.1	⑪	124.5	414－4	棘南井克

単⑭5100円　複⑭940円　⑩150円　④120円
馬連⑩—⑭16590円㉘　　枠連❺—❼7890円⑱
馬単⑭—⑩35200円㊿　３連複④⑩⑭10610円㉗
３連単⑭⑩④144090円305
ワイド⑩—⑭3030円㉒　④—⑭2720円㉑　④—⑩260円①

くらいは買ってもいい。

そこで、１番人気から５番人気までの５頭に、ワイドを各１００円。買ったのはそれだけ。ちなみに、競馬エイトの本命対抗▲の３頭はその５頭の中にすべて入っている。すると、その⑭ゼットパール、ぽんと飛び出し、⑧ティアドーロ（２番人気）がハナに立つとすぐに番手に下げ、そのままの態勢で４コーナーを回っていく。このままの態勢で決まれば馬券はヒットするので、競馬場のモニターを見ながら「そのままだ」とひそかに呟く。ワイドだから３着までに残ればいい。ところが⑭ゼットパール、直線を向くと逃げた⑧ティアドーロをかわして先頭に躍り出るのだ。後ろから差してきたのが、④ジョーカルーア（１番人気）と⑩エイドローン（４番人気）。この差し馬２頭にかわされても３着なら、これは安全圏と言っていい。よおしと思った瞬間、待てよと思った。⑭ゼットパールの脚いろは衰えず、そのまま1着でゴールしそうなのだ。ちょっと待ってくれ。ワイド5点買いする前、単複にしようかとオッズを見上げたときの記憶が蘇る。この馬の単勝は50倍だったはずだ。おお、そんなにつくのなら単勝を買えばよかった。なんとなんと、⑭ゼットパールはそのまま1着でゴール。2着争いは4番人気の⑩エイドローンが制したので、馬連は1万6590円。本当かよ。3030円と2720円のワイドが当たったのだが、なんだか嬉しくないのは、いつも通りの買い方をしていれば、馬連が1000円、さらに5100円の単勝、940円の複勝と当たって総額22万を超える配当になっていたのだ。それがワイド2本の的中で、配当総額は5750円。えらい違いである。

しかしだからといって、ここでレートを上げると元の木阿弥だから、次の京都2R（3歳未勝利のダート1800m戦）では、9番人気⑮サトノマスターの単複を各500円だけ買ってみた。いくら馬券は最小単位にするとはいっても、単複を各100円ではつまらない。いまの1Rが当たったばかりだし、このくらいは許されるだろう。いつもなら単勝1000円、複勝2000円、馬連各1000円を3点は買っていたはずだ。そうしておくと、この馬が勝って、単勝（2570円）と複勝（760円）と、馬連（2番人気の③カナイオが2着）6960円がヒットし、配当総額は10万超え。それに比べて、私が買ったのは単複500円だけだから、実際の配当は1万6650円。えらい違いである。ちなみにこの⑮サトノマスターは、ここが初出走の馬だが、エンパイアメーカー産駒なのでダート戦は面白いと思ったのである。1Rも2Rも、ようするに思いつきにすぎない。いつもは外れる思いつき馬券だが、レートを極端に下げるとヒットするのは皮肉。

⑮サトノマスターを買ったもう一つの理由は、この日の競馬エイトに載っていた「データスクランブル」に、この時期の未勝利戦は初出走馬に注意とあったからでもある。昨年の同時期に、3歳未勝利戦は107戦行われ、6番人気以下が80頭馬券に絡んだというのだ。おやっと思ったのは、ダート戦に出走した牡馬で、社台系の牧場の生産馬は勝率38％だという数字。勝率38％はすごい。そのコラムの下には東京3R（3歳未勝利のダート1600m戦）の出馬表が載っていて、5番人気④ポルタヴィオンがまさにその条件を満たした馬であることを発見。ええい、とこの馬の単複を買ってからトイレに立つと、京都3Rの実況が始まっていて、13番人気の②シアンがインから鋭く伸びて1着。ふーんと思って新聞を見ると、これも初出走の馬で、しかも生産牧場は社台ファーム。おいおい。その単勝は1万4120円。そのあとに行われた東京3Rの④ポルタヴィオンは12着。おお、こっちじゃなかった、京都を買え！　終わってみたら今週も全治1ヵ月。もうだめだ。

レースの細部を見ろ

先週書き忘れたことがある。忘れないように急いで書いておきたい。先週の日曜日のことだ。午前中のレースが終わったので昼飯を食べに行こうと席を立ったのだが、穴場の前を通りかかるとその上のモニターに、終わったばかりの東京4Rのレースが映し出されていた。つい立ち止まって見ていると、前に立っていた青年が「ここ、見て。和田の通ったところ。ここが伸びないんだよ。きのうからずっと」と言う。直線だけリプレイされると、また男が言う。「田辺の通ったところは伸びるんだけど、和田のところはだめなんだ。きのうからずっと」。

具体的に言うと、2回東京2日目の4Rである。わかりやすく言うと、フローラSの行われた日である。その4Rは3歳未勝利の芝1400m戦で、4番人気の⑭ベストティアーズ（鞍上は田辺）が勝ったレースである。最後の直線で⑭ベストティアーズと、5番人気の①グラスルアー（この鞍上が和田）が2頭揃って外から差してきたのだが、途中まではほぼ同じ脚いろだったのに、すぐに後者の脚は止まり、⑭ベストティアーズ1着、①グラスルアー5着と明暗をわけた。それは馬の力の差だったのかもしれないが、モニターを見上げながら仲間と話していた青年は、馬場の差だと言うのだ。①グラスルアーの通ったところは、その前日から伸びないところだと言うのである。その敗因が正しい分析なのかどうか、私にはわからないが、そんな細部まで見ているのかと感心してしまった。その分析が正しければ、4コーナーを回るまで内にいた①グラスルアーを直線を向いてから外に出したことが失敗だったことになる。

なるほどなあと思ったのはその日の9R石和特別で、④ニシノジャーニー（13番人気）に乗った和田騎手は、今度は最後までインにこだわり、4Rで田辺が通った場所よりも気持ち内側を差して1着。さらにメインのフローラSでも終始インにこだわり、12番人気の①モズカッチャン（この鞍上も和田）で綺麗に差し切った。全部、この日の4Rが始まりだったのかも。4Rと9Rの結果を受けて、このフローラSでは穴を出すなら①モズカッチャンだろうと馬券も買ったのだが、2着の⑦ヤマカツグレース（10番人気）を1円も買わなかったので300倍が抜け（3720円の単勝と、730円の複勝にすればよかった）。

何の話かというと、モニターを見上げて仲間と話していた青年のように、お前はレースの細部を見ているか、と思うのである。馬券が当たらないのはいい。いや、よくはないのだが、それはそれで仕方がない。しかしきちんと予想して、きちんとディテールを観察し、レースを分析しているかとなると、はなはだ心もとない。そこまでして、なおかつ馬券が当たらないのなら仕方がないが、そこまでの分析や検討をしていないような気がする。で、結果だけを見て、あ〜あ、今日もまたボウズだと嘆いてるような気がしてならない。もっとレースを見よう！　突然そういう思いがこみ上げてくる。ＪＲＡ－ＶＡＮの「レース動画」という大変便利なものがあるのだから、何度も見よう！　そうすれば、あの青年のように私もレースの細部がわかるようになるかもしれない。

と思って今週はアキラ君とヨシ先輩と東京競馬場に出撃。いつもなら2頭を1〜2着に置いてヒモ5頭の3連単を買うヨシ先輩の馬券を覗くと（この人は馬券を机の上に置いているので、見えちゃうのだ）、なんだかいつもより頭数が多い。前週10万馬券を取ったので気が大きくなったという。たしかにそれが人情というものだ。みんなと競馬をやっているとわいわいがやがやと楽しい。最終レース終了後に居酒屋で杯を傾けるのも、ホント楽しい。それですっかり忘れていた。朝からずっとレースを見ていたというのに、どの馬がどういうコースを通ったのか、それが伸びたのか伸びなかったのか、全然チェックしていなかった！　1週間前に、これからはレースの細部を見ようと決意したばかりなんですよ。それなのに忘れているんだから情けない。帰宅してから気がついたので、この日の東京メイン、スイートピーSをJRA-VANの「レース動画」で見てみた。すると最後の直線で、外から3番人気の⑦ブラックスピーチが伸びてきて、そのまた外から9番人気の⑤カリビアンゴールドが伸びてきた。この2頭がぐいぐい伸び続けて1～2着し、おかげで200倍強の3連複を私は仕留めたのだが、この2頭の通ったところは、1週前の東京4Rで田辺と和田の通ったところと同じか、それよりも少し外のような気がする。いや、詳細に見比べたわけではないが、なんとなくそんな気がする。ということは、この日は外のほうが伸びたということになる。あるいは4Rや5Rあたりで、その兆候があったのかもしれない。しかし、たとえそうだとしても、それを馬券にどういかせばいいのかわからず、競馬は本当に難しいと実感するのである。

NHKマイルをオサムが的中

NHKマイルCの日に、たそがれのトシキ、ひげもじゃのカオル、そしてドクター松井の4人で東京競馬場に出撃した。このおやじたちはいつもグループ馬券をやるのが恒例になっているので、NHKマイルCの3連単を買うことにした。で、7頭を選び、その中の3頭を1〜3着欄に置き、残りの4頭は2〜3着欄に置くと、一人当たりの負担は2250円。遊びとしてはいいところだ。いちばん高配当は120万、低配当は2万。なんだか当たりそうな気がしてくる。「今日はシマノがいないから大丈夫じゃないか」「あいつがいるとヘンな馬、選んでくるからな」とか、いろいろ言っていたが、ご存じのように、NHKマイルCを勝ったのは、2番人気の⑯アエロリットで、2着が⑭リエノテソーロ（13番人気）、3着が⑥ボンセルヴィーソ（6番人気）。牝馬のワンツーで馬連は172倍、3連単は29万6160円である。私たちの7頭は、3着までに1頭も入っていない。ふーん。ところでトシキは不思議なおやじである。とにかくよく当てるのである。当てたのにトリガミというのはしゅっちゅうだ。確信犯なのである。それが彼の持ち味と言っていい。一緒に競馬場に行くのは久々だったので、「馬券の買い方は最近どうしてるの？」と尋ねてみた。すると、「やっぱりさ、あんなに当ててるのに配当がたいしたことないと、つまらなくなるんだよね。だから、最近は少しだけ変えてみた」と言う。どういうふうに変えたのかはおいおい聞いていこうと思ったが、とんでもない。全然変えてないのだ。ゴール前で、よしそのままとか、横から声が聞こえてくるので、おお、当たりそうなんだとわかりますね。するとゴール直前に、だめだめ、あ〜あと嘆くのである。普通、そういう展開なら、馬券が外れたと思うものだが、このおやじは最後にきまって「これは安い！」と言うのだ。つまり、その低配当馬券をしっかりと当てているのである。高配当で決まりそうな展開だったのに最後は低配当で決まってしまったというわけだ。結局、取ったのかよ、ということが朝から頻出。トシキの言うように馬券の買い方を少し変えた形跡がないではない。たとえばこのおやじ、4頭ボックスを基本とするのだが（馬連と3連複）、それ以外に、2頭軸の3連複（相手は総流しが多い）、1頭軸の3連複（この場合は相手5〜6頭）などを織りまぜるのが普通だが、この日は点数を極端に絞った3連単フォーメーション（1着に1頭、2〜3着に2頭とか）を買ったりしているのだ。なるほどね、このように変化がないではない。

トシキの馬券の買い方を見てとても勉強になる点があるのだが、それは別の機会に書きたい。今回はこのおやじのもう一つの特徴について忘れないように書いておく。この日も彼は3場全レースの馬券を購入し（いつも全レース買う）、当てたレースが3分の1。つまり12本。それで収支がマイナス1万。エスカレーターに乗って帰るときに「面白かったなあ」と満喫しているのである。で、酒場についてから思わず呟いた言葉が忘れられない。これにはホントに驚いた。トシキが競馬を始めたのは遅い。若いときから遊びは麻雀とパチンコだけ。競馬を始めたのは17年前からだ（ここ数年はパチンコをやめてしまったので、暇なんだという）。それから今日まで、ボウズになったことがないと言うのである。えっ、1回もないの？　ないよ、と言うから驚く。私とかオサムとか、カオルとかが「先週もボウズだった」と嘆くたびに、「冗談を言っているのだと思ってた」と言うのである。トリガミの帝王トシキにとって「ボウズ」とはギャグにすぎないのだ。

びっくりして帰宅したら、オサムからメールが入っていた。この日は所用があって外出していたらしい。で、ＮＨＫマイルＣの報告が綴られていたのだが、なんとあの3連単を的中したというのである。彼が購入したのは、6番人気の⑥ボンセルヴィーソを2着と3着に置いた3連単のフォーメーション。まず⑥ボンセルヴィーソを2着欄に置いたバージョンでは、1～5番人気の5頭を1着欄に置き、3着欄は7～15番人気の9頭。⑥ボンセル

2回東京6日　11R　NHKマイルC

着順	予想	枠番	馬番	馬名	性齢	斤量	騎手	タイム	着差	通過順	上り	人気	単勝オッズ	体重増減	厩舎
1	◎	❽	⑯	アエロリット	牝3	55	横山典	1.32.3		3 2 2	外34.3	②	5.8	478-2	南菊沢徳
2	△	❼	⑭	リエノテソーロ	牝3	55	吉田隼	1.32.5	1½	10 9 9	外**34.0**	⑬	37.5	450-4	南武井亮
3		❸	⑥	ボンセルヴィーソ	牡3	57	松山弘	1.32.9	2½	1 1 1	内35.0	⑥	14.4	462-2	栗池添学
4		❼	⑮	レッドアンシェル	牡3	57	福永祐	1.32.9	首	13 10 10	外34.2	⑦	14.5	442-14	栗庄野靖
5		❻	⑪	オールザゴー	牡3	57	内田博	1.33.0	¾	11 10 10	中34.4	⑯	57.1	480+6	栗矢作芳
6		❹	⑧	タイムトリップ	牡3	57	戸崎圭	1.33.0	鼻	7 7 7	中34.6	⑩	19.7	478-2	北菊川正
7		❻	⑫	ミスエルテ	牝3	55	川田将	1.33.1	½	13 13 13	中34.3	⑤	12.2	446-4	栗池江寿
8		❼	⑬	トラスト	牡3	57	柴田大	1.33.3	1	5 2 2	中35.3	⑰	77.4	472 0	栗中村均
9	△	❶	①	モンドキャンノ	牡3	57	ルメール	1.33.3	首	2 4 4	内35.1	③	6.3	472-2	栗安田隆
10	△	❺	⑩	ディバインコード	牡3	57	柴田善	1.33.4	½	3 5 4	中35.2	⑪	22.6	490-2	北栗田博
11	△	❸	⑤	プラチナヴォイス	牡3	57	石川裕	1.33.4	首	5 7 7	内35.0	⑧	15.2	508+4	栗鮫島一
12		❹	⑦	ジョーストリクトリ	牡3	57	武　豊	1.33.6	¾	12 13 13	中34.8	⑨	17.1	490-2	栗清水久
13	▲	❷	③	アウトライアーズ	牡3	57	田辺裕	1.33.6	鼻	13 15 13	内34.7	④	7.7	480 0	南小島茂
14		❶	②	キョウヘイ	牡3	57	高倉稜	1.33.7	½	17 16 16	内34.5	⑭	38.2	424-4	栗宮本博
15		❺	⑨	タイセイスターリー	牡3	57	北村宏	1.34.0	1¼	13 16 16	中34.9	⑮	38.5	518-2	栗矢作芳
16		❽	⑰	ナイトバナレット	牡3	57	藤岡佑	1.34.0	頭	18 18 18	内34.6	⑱	100.9	478 0	栗矢作芳
17	○	❷	④	カラクレナイ	牝3	55	Mデムー	1.34.2	1¼	9 10 10	内35.5	①	5.0	484+4	栗松下武
18		❽	⑱	ガンサリュート	牡3	57	池添謙	1.34.3	¾	7 5 4	外36.1	⑫	29.2	508+4	栗安田隆

単⑯580円　複⑯220円　⑭950円　⑥320円
馬連⑭—⑯17290円58　枠連❼—❽2150円⑧
馬単⑯—⑭27730円108　３連複⑥⑭⑯50600円171
３連単⑯⑭⑥296160円994
ワイド⑭—⑯4460円58　⑥—⑯1000円⑤　⑥—⑭6400円75

ヴィーソを3着欄に置いたバージョンでは、1着欄に1〜5番人気の5頭、2着欄に7〜15番人気の9頭。これで45点×2で合計が90点。おお、素晴らしい。これで配当が、29万6160円。私たちのやったグループ馬券も、一人当たり2250円ということは、総額9000円である。オサムの買った3連単フォーメーション馬券も総額9000円。投資額は同じなのに結果は雲泥の差。最終レース終了後に東京競馬場から酒場に向かう途中、おれもボウズが続いて大変だけど、オサムもボウズが多いんだ大丈夫かなあいつ、と歩きながらトシキに言ったことを思い出す。人のことを心配している場合じゃないと突っ込まれるところだが、オサムに春が来たことを素直に祝福したい。

買わない馬券は当たる？

新潟6Rの締め切りが迫っていたので、どうするどうすると迷っていたら、場内の歓声が高まってきた。目の前では東京5R（3歳500万下のダート1400m戦）が行われていて、最後の直線にかかっていたのである。私はそのレースを1円も買っていなかったので、それよりも新潟6Rを早く買わなくちゃと検討していたのだが、まあ、直線の攻防くらいは見てみよう。顔を上げると、白い帽子の1枠の馬と、ピンク帽の8枠の馬が叩き合っている。その直前に、たそがれのトシキが「戸崎戸崎！」と叫んでいたような気がするが、その2頭がほぼ同時にゴール。どちらが勝ったのか、わからない。しかし戸崎なんてどこにいるんだ。そのとき私は、1枠の馬を②ゲキリン（2番人気）だと勘違いしていた。よく見たら戸崎が鞍上の①バンケットスクエア（6番人気）だったのですね。それにしても、よく⑯ヒラボクメジャーなんて買えたものだ。私の新聞ではまったくの無印である。「違いますよ、あれはルメールの⑮ブランエクラですよ」とアキラ君が言う。⑯ヒラボクメジャー

3回京都8日　8R　4歳上500万下

着順	予想	枠番	馬番	馬名	性齢	斤量	騎手	タイム	着差	通過順	上り	人気	単勝オッズ	体重増減	厩舎
1	△	❶	①	ランウェイ	牝5	53	荻野極	1.34.6		3 3 4	内35.7	⑤	12.0	476+ 2	栗小崎憲
2	▲	❺	⑩	グランノーブル	牡4	54	森　裕	1.34.8	1¼	1 1 1	内37.0	②	9.1	498+ 6	栗佐々木晶
3	○	❷	③	ファンタサイズ	牡4	57	藤岡佑	1.34.9	½	8 12 11	内35.3	④	10.8	434+ 2	栗矢作芳
4	△	❷	④	キャノンストーム	牡4	57	小牧太	1.35.0	¾	14 14 14	内**35.1**	⑦	18.6	502+ 2	栗笹田和
5	◬	❽	⑰	マテラアリオン	牡4	57	高倉稜	1.35.0	鼻	7 5 5	中36.0	⑧	19.0	482+ 2	栗浜田多
6		❼	⑭	メイショウカクオビ	牡4	57	古川吉	1.35.0	鼻	8 7 6	外35.8	⑭	61.8	490− 2	栗南井克
7		❸	⑤	ゼーリムニル	牝4	55	川須栄	1.35.2	1	12 13 11	外35.6	⑥	18.4	480+ 6	栗鮫島一
8	◎	❽	⑱	サウンドバーニング	牡5	57	福永祐	1.35.2	鼻	11 10 8	外35.8	①	1.9	426+ 2	栗安達昭
9	△	❽	⑯	キセキノケイフ	牡4	57	松若風	1.35.3	½	4 3 3	中36.6	⑪	31.0	468 0	栗杉山晴
10		❹	⑦	ウインクレド	牡4	57	松山弘	1.35.3	首	12 10 11	中35.9	③	9.1	482− 6	栗西園正
11	△	❸	⑥	アスターサムソン	騸4	57	川島信	1.35.4	首	18 18 18	中35.2	⑬	42.5	478+ 2	栗中竹和
12		❶	②	マイネルサグラ	牡4	57	国分優	1.35.9	3	6 9 8	中36.6	⑨	26.6	474−16	栗中村均
13		❻	⑫	コンクエストシチー	騸5	57	国分恭	1.36.0	首	18 14 14	外36.1	⑰	144.6	456 0	栗村山明
14		❼	⑮	メイショウミソラ	牝5	52	三津谷隼	1.36.1	¾	8 8 10	外36.8	⑩	29.2	460− 2	栗河内洋
15		❹	⑧	アイアンヒロイン	牝4	52	富田暁	1.36.2	½	14 16 18	中36.1	⑮	105.8	502+ 7	栗浜田多
16		❻	⑪	プリンシパルスター	騸4	57	和田竜	1.36.3	¾	4 5 6	内37.2	⑫	40.5	438−18	栗斉藤崇
17		❺	⑨	カノヤパリティ	牝4	55	田中健	1.36.7	2½	18 18 18	外36.6	⑯	124.6	456− 2	栗坂口則
18		❼	⑬	アイファーヴリル	牡4	57	藤懸貴	1.38.3	10	2 2 2	内39.8	⑱	289.6	442−10	栗柴田光

単①1200円　複①400円　⑩310円　③320円　ブリンカー＝⑩
馬連①—⑩5330円⑱　枠連❶—❺3990円⑭
馬単①—⑩10630円㉝　３連複①③⑩13340円㊳
３連単①⑩③78560円210
ワイド①—⑩1560円⑭　①—③1590円⑯　③—⑩1250円⑪

は14番人気で、⑮ブランエクラは3番人気。えらい違いである。つまり私は、叩き合って1～2着した2頭を両方ともに勘違いしていたのだ。いやはや。

しかしもっとすごい勘違いは、京都8R。4歳上500万下の芝1600m戦だが、このときも最後の直線までモニターのレース中継を見ずに手元の新聞を見ていた。実は前日遅くまで飲んでいたので、全レースの検討がこの日はすんでいなかった。競馬の前夜は深酒をしない主義なのだが、その前日はよんどころのない事情で飲むことになり、飲んだらこれがまた楽しくて、ついついグラスを重ねてしまったのである。帰宅してすぐに倒れ込むようにして爆睡し、早朝に飛び起きてある程度の検討はしたものの、漏れがたくさんある。特に新潟の検討を後回しにしたので、東京と京都のレースを見ながら新潟の検討をするという状況が朝からずっと続いていた。ええとええと、京都の8R?

モニターに映るレース中継に目をやったら、おお、このレースは馬券を買ってる！と気がついた。ちょうど馬群が４コーナーにさしかかるところで、先頭に立っていたのは、えぇと、あれは、おお、⑩グランノーブルではないか。私の本命である。しかも後ろはかなりちぎれている。もう取ったも同然だ。さあ、相手は何だ、とモニターに目を近づけると（私、目が悪いので、近寄らないと見えにくい）、馬群を割って伸びてきたのは①ランウェイ。おお、お前は私の▲だ。じゃあ、３着はなんだ、と見ていると、インからするすると伸びて３番手に上がったのは、③ファンタサイズ。おおおお、私の対抗○印の馬だ。①が⑩を差したところがゴール。なんとなんと、私の▲◎○の順である。ほぼ、完璧予想と言っていい。５番人気、２番人気、４番人気の順なので、馬連こそついたものの（５３３０円）、３連複は１万３３４０円。あ～あ、３連単を買えばよかったなあ（３連単は７万８５６０円）、馬連でもよかったよ、どうして３連複しか買ってないんだろ、と言った途端、すぐに不吉な予感がした。急いで、タイムテーブルを取り出して確認する。

ひげもじゃのカオルは面倒見のいい人で、全レースのタイムテーブルを１枚の紙にまとめたものを開催ごとに送ってくれている。たとえばこの日なら新潟１Rが９時50分、東京12Rが16時25分。全36レースの発走時刻、場名、レース番号がＡ５用紙の上から下までずらずらと並んだものを送ってくれるのである。私はそこに購入金額と馬券の種類を（馬連

④⑤1000円とか）をせっせと書き込んでいく。途中経過の収支も書き込んでいくから、いまいくら負けているのか一目でわかるようになっているというすぐれものだ。不吉な予感がしたので、そのタイムテーブルを取り出して開くと、京都8Rのところは空白。なんの金額も書かれていない。ということは買ってないの？　なんとなんと、他のレースの検討に忙しく、京都8Rの馬券は買ってないのであった。買わない馬券は当たるというのはホントよくあることで、昨年菊花賞の日の東京最終で、1点予想の3連複が当たっていたことを思い出す（しかも100倍！）。あのときは、時間切れで買えなかった。

この日は、たそがれのトシキに、アキラ君を誘って東京競馬場に出撃したのだが、そういう失敗はあったものの、そんなに大怪我もしなかったので楽しい一日であった。ところで、ヴィクトリアマイルのパトロールビデオが流れたら、出走全馬が4コーナーを回ってからゴールまで、内をものすごくあけて走っていることに気づき（見た目では10メートルくらいあけていたのではないか）、何のためにみんな外を回るのかわからなかった。だってこの日は雨が上がって内から馬場が乾いているんだぜ。どうしてなのかなあと話しながら帰途についたのであった。

怪しいオッズを発見

2回東京10日目の1Rは、3歳未勝利の牝馬限定ダート1400m戦である。⑮ウェントワースがポンと飛び出してハナを奪い、⑭ユメノカガヤキが外から番手を取りにいく。ごちゃつく3番手の位置を取ったのは⑯マナツノヨノユメ。そのままの態勢で3コーナーから4コーナーに向かっていく。よおし、そのままだ。心の中で呟くと、隣でシゲ坊が「そのままだそのままそのまま」と声を出す。叫ぶというほどの大声ではなく、思わず声が出てしまったという感じである。私はシゲ坊の本命である⑭ユメノカガヤキ（6番人気）から馬連と3連複をばらばらと買ったのだが、⑮ウェントワース（7番人気）はシゲ坊の対抗であるから、当然ながら私も買っている。3番手にいる⑯マナツノヨノユメ（8番人気）もヒモとして押さえているから、⑭の相手が⑮でも⑯でも私はOK。その馬連はどちらも70倍強だ。もしもこのままの態勢で決まれば3連複も当たることになるが、そのオッズは300倍。いいなあいいいなあ。

私とシゲ坊の夢を乗せて、馬たちが4コーナーを回っていく。逃げた⑮をまず⑭がとらえて先頭に立つ。府中の直線は長いが、どんどん後続馬を引き離していく。強い強い。おお、もっとこの馬から買うんだった。そんなことを考えているうちに、後ろから⑥ガチコ（9番人気）がぐんぐん迫ってきて、ゴール200m前のところでついに差される。しかしまだ2番手だ。馬連⑥⑭も70倍強。そこで叫んだ。「そのままそのまま！」。私が叫ぶと横でシゲ坊も叫ぶ。「田辺たなべ田辺！」。⑭の鞍上が田辺なのである。1Rから70倍の馬連がヒットするなんて、そんなことはめったにあるものではない。楽しいぞ競馬。その段階では3番手はちぎれていたから、実は内心、そんなに真剣に叫ばなくても楽勝だ、という思いがあった。馬連は確定だろうから、あとは3連複も仕留めたい。だから3番手に上がってくる馬を見ていた。ヒモに拾っている馬が来るなら、3連複もヒットするのだ。それが②メイショウアテン（3番人気）と、⑦デルマカゼタチヌ（10番人気）。おお、どちらも持っている！　しかししかし、気のせいか、その2頭の脚いろがいいように見える。おいおい、だめだめ。突然、余裕は消えて真剣な叫びになってきた。「そのままそのまま」。府中の直線はホントに長い。私の本命⑭はあっと言う間に⑦デルマカゼタチヌにかわされ、その瞬間に馬連の夢は消えてしまった。だが、まだ3連複のチャンスは残っている。⑭が3着に残れば、⑥⑦⑭の300倍がヒットするのだ。馬連は消えても300倍の3連複が取れるなら許してあげよう。こうなったらそれだけが頼み。ところが⑭は②にも差されて4着に落ちてしまうのである。どうして府中のゴールはこんなに遠いのか。あと20m手前に置いてくれ。この日は軸馬が4着に泣いたことがほかにも3レースあり、典型的な4着病の日であったが、その始まりがこの東京第1Rであった。

おかしいなあと隣でシゲ坊が呟いたのが新潟7R。4歳上500万下のダート1200m戦である。「どうしたの?」と尋ねると、②チビノヴァルタンの複勝オッズがおかしいという。30分前のオッズで単勝が80倍の馬なのだが、その複勝が1・4から1・8。これはその段階の1番人気の複勝オッズと同じである。どうしてそれをシゲ坊が気にしていたかというと、その馬が彼の本命だったからだ。シゲ坊によると、前走もこの馬の複勝オッズがおかしかったという。新聞を見ると、前走は5月7日の新潟戦で、そのときは11番人気で4着。「中央のペースに慣れて内容が良化。流れに乗れればチャンス」という調教師のコメントが載っている。「ぎりぎりまで待って複勝を買おうと思うんです」。そう言われると気になって私も確認すると、15分前のオッズが単勝58倍、複勝1・9〜2・8。10分前は単勝67倍、複勝2・3〜3・5。なんだこれは、と思ったのが5分前のオッズだ。単勝が17倍、複勝が3〜4・7。これほど急激にオッズが変わるのは珍しい。30分前の単勝は82倍だったんですよ、それが5分前に17倍なのだ。それを見てシゲ坊が急いでマークカードを塗り始めた。おお、おれも買うぞ、と私は単勝3000円、複勝5000円。ほかにも馬連や3連複も買いたかったが、時間がないので今から検討している時間がない。ええい、単複だけで勘弁してあげよう。その②チビノヴァルタン、何着だったと思いますか。終始後方ままの10着。ちなみに最終オッズは9番人気で単勝24倍だった。

結局この日は私もシゲ坊もボウズ。西門前の屋台村で翌週以降の展望を話しながらビールを飲んだが、二人ともに口が重い。シゲ坊はまだいい。この2週はひどい負けだったようだが、その前は好調だったようで、負けのレベルが私とは根本的に異なる。私はもう大変だ。こうしてオレはくたばっていくんだ。もうどうでもいいんだ。

菜七子菜七子菜七子！

2回東京11日目の12R。4歳上1000万下のダート1600m戦だが、1番人気の⑭フィールザプリティと、2番人気の⑯ダイワインパルスに上から下までぐりぐりと重い印が並んでいる。それを見て前日検討をやめちゃったのか、私の新聞は綺麗なままだ。検討がすんだレースにはあれこれと色の違うサインペンで書き込まれているので、一目でじっくり検討したんだなとわかるが、このレースは真っ白なのである。唯一あるのは、②ハイヴォルテージ（16番人気）と、⑥コパノアラジン（4番人気）の前走のところにつけたチェックだけ。府中のダート1600mは距離短縮で、なおかつ前走の上がりタイムが優秀な馬がいいと、必ずそれを調べて該当馬のところにチェックを入れることにしているのだが、このレースではその2頭だった。しかしそれを調べるのは習慣のようなもので、だからといって、その馬を買うというものではない。最初はケンだなと思った。

今週はオサムが博多から上京し、ダービー週を目いっぱい楽しもうという計画なので、土曜から飛ばすのは禁止、と固く言い聞かせていた。おかげで、そこまでそれほど負けていない。もちろん負けてはいるのだが、いつものようにびっくりするほどの金額ではない。だから、外の2頭が強そうなここはケンだ。特に、1番人気の⑭フィールザプリティの府中ダート成績は〔2522〕で、1600m成績が〔1501〕。こんな馬に逆らうのが無謀というものだ。この馬から藤田菜七子騎乗の⑥コパノアラジンに馬連を買う手はあるが、12倍強しかつかないのでは食指が動かない。馬連②⑭は170倍だが、②はビリ人気の馬なのにそれしかつかないのかよとこれも不満。やっぱりケンだな。そう思ったが、新聞をじっと見ているうちに、人気馬がみんな差し馬ばかりであることに気がついた。いまごろ気がつくのかよ、と言われそうだが、だったら⑥コパノアラジンの逃げ残りが面白い。

実は最近、15点こっきりの3連単フォーメーションをほんのときたま買っている。Aを1着に置いて、BCDを2着、3着欄はその3頭プラスEFG。これで15点だ。この馬の単勝を買いたいと思うことがありますね。単勝10倍の馬に1000円入れれば、1着で1万円。いいじゃないかというわけだが、そういうときにこの3連単フォーメーションが出動する。資金は500円増えて1500円になってしまうが、たまたま実施した最初のレースで当たったので面白くなった。そのときは2番人気の馬を1着に置いて、3連単が2万円だったが、ポイントは万全を期さないこと。1着バージョンだけでは不安なので2

2回東京11日　12R　4歳上1000万下

着順	予想	枠番	馬番	馬名	性齢	斤量	騎手	タイム	着差	通過順	上り	人気	単勝オッズ	体重増減	厩舎
1	○	❸	⑥	コパノアラジン	牡4	54	藤田菜	1.36.1		1 1 1 内	36.5	④	7.8	514+2	栗田所秀
2		❺	⑩	クレマンダルザス	騸4	57	蛯名正	1.36.4	1¾	1 3 3 中	36.4	⑥	15.0	456+8	栗松永幹
3	◎	❼	⑭	フィールザプリティ	牝5	55	北村宏	1.36.9	3	7 7 7 中	35.9	①	2.7	474+6	北岩戸孝
4	△	❽	⑯	ダイワインパルス	牡5	54	野中悠	1.36.9	鼻	11 11 11 外	**35.3**	②	4.5	490+6	北宗像義
5	▲	❷	④	ネイビーブルー	牡4	57	岩田康	1.37.2	1¾	⑪ 11 11 中	35.6	③	6.4	502−2	南戸田博
6		❽	⑮	マーブルケーキ	牝6	52	菊沢一	1.37.4	1½	1 2 2 中	37.7	⑩	66.4	480+4	南萩原清
7		❹	⑧	ロマンホープ	牡5	57	柴田善	1.37.5	½	11 13 13 外	35.6	⑬	83.4	466−2	南松永康
8	△	❺	⑨	サクラルコール	牡6	57	横山典	1.37.5	首	7 8 10 内	36.2	⑤	8.4	496 0	南田島俊
9	△	❻	⑫	ヒドゥンブレイド	牡7	55	荻野極	1.37.6	½	⑭ 8 8 中	36.4	⑦	17.0	492−4	栗小崎憲
10		❼	⑬	メイショウキトラ	牡6	57	鮫島良	1.37.9	2	10 8 8 中	36.7	⑮	123.9	496+2	栗牧浦充
11		❹	⑦	デジタルフラッシュ	牡6	57	石川裕	1.38.1	1	14 15 13 外	36.1	⑧	25.0	474−4	北杉浦宏
12		❶	②	ハイヴォルテージ	牡5	57	内田博	1.38.1	首	9 13 13 中	36.2	⑯	132.7	456 0	北藤原辰
13	▲	❸	⑤	スケロク	牡5	55	木幡初	1.38.4	2	1 4 4 中	37.9	⑫	72.4	498−4	南松山将
14		❶	①	シンボリハミルトン	牡6	54	横山武	1.38.5	½	⑯ 16 16 中	35.7	⑨	58.4	520−2	南鈴木伸
15		❻	⑪	ニシノクラッチ	牡5	54	武藤雅	1.38.7	1	5 5 5 中	37.9	⑪	69.4	490+2	南尾形和
16		❷	③	ダイメイリシャール	牡6	55	井上敏	1.39.2	3	5 5 5 内	38.4	⑭	114.6	498−6	北本間忍

単⑥780円　複⑥260円　⑩360円　⑭130円
馬連⑥—⑩7290円㉑　　枠連❸—❺2400円⑪
馬単⑥—⑩13890円㊻　３連複⑥⑩⑭6380円⑳
３連単⑥⑩⑭54660円164
ワイド⑥—⑩2090円㉔　⑥—⑭500円④　⑩—⑭820円⑧

着バージョンも押さえようとか、3連複も押さえておこうとかは禁止。あくまでも単勝を買ったつもりなのだ。複勝は押さえないのである。ようするに勝負ではなく遊びだから、1着でなければ諦めよう。というわけで、⑥コパノアラジンを1着に置いて、2着欄は1番人気の⑭フィールザプリティと、やはり先に行きそうな⑩クレマンダルザス（6番人気）と、少し無謀だがビリ人気の②ハイヴォルテージ。3着欄はその3頭の他に、④ネイビーブルー（3番人気）、⑦デジタルフラッシュ（8番人気）、⑯ダイワインパルス（2番人気）。

すると、藤田菜七子騎乗の⑥コパノアラジンはスタートこそよくなかったものの、すぐに先頭に立つ。2番手は⑮マーブルケーキ（10番人気）、3番手は⑩クレマンダルザス。そのままの態勢で3コーナー、4コーナーを回っていく。さあ、勝負はここからだ。直線を向いて⑩クレマンダルザスが⑮マーブルケーキをかわして2番手に上がってくる。さらに⑥コパノアラジンにどんどん迫ってくる。⑩が⑥をかわしたら、私の馬券はスカ。だめかなあ、大丈夫かなあ。我慢できずに叫んだ。「そのままそのままそのまま！」「菜七子ななこ菜七子！」。⑥コパノアラジンはなかなかガッツのある馬で、⑩クレマンダルザスが迫ってくるとまた伸びて、なかなか抜かせない。そのときにちらっと3番手の馬が気になった。このまま⑥→⑩で決まっても、3着に私の買った馬が来なければ馬券は当たらないのだ。内に残る⑮は1円も買っていない。そこに差してきたのは⑭。あの脚いろなら⑮をかわして3着にはなるだろう。大外からは⑯ダイワインパルスが矢のように伸びてきているが、これも持っているから3着がどちらでも大丈夫。だから⑥が⑩に抜かれなければOKだ。そこまで瞬時に確認してからまた叫ぶ。「そのままそのままそのまま！」「頭だ菜七子！」。そのままの態勢で、⑥が1着でゴール。3着争いは⑯の猛追をしのいだ⑭。その3連単は5万4660円。⑥の単勝は780円だったのでその単勝を1500円買うと、配当は1万1700円。思いつきの3連単にしたおかげで5倍近く儲かったことになる。

この馬券作戦、これで3戦2勝だが、だからといってしょっちゅうやらないこと。土日で1鞍、というルールを守ること！

第二章　ワイド1点主義の夜明け

朝は楽しかったが

3回東京2日目の1R。3歳未勝利の牝馬限定ダート1600m戦だが、この返し馬でおやっと思ったのが⑧チャームクォーク。超ぴかぴかのデキではなかったが、その素軽さが目にとまった。6番人気の馬である。このレースは馬券を買うつもりはなかったのだが、見ちゃったものは仕方がないよなと、この馬を軸にして相手7頭に流す3連複。さらに馬連。最後に、単勝を買おうと思って、そうか、あの3連単の出番かも、といつもよりも3点多い18点買い。すると、その⑧チャームクォーク、出脚鋭く、すぐに4番手の位置をキープし、3コーナー手前で5～6番手に下がるものの、4コーナーでは外から4番手にふたたび順位を上げ、直線を向いたところで先頭に躍り出た。おお、もしかするともしかするかも。一緒に上がってきたのが3番人気の⑫フルオブグレース。おお、君が2着なら完璧だ。この2頭が他馬をぐんぐん引き離していく。アメリカまで走ってもこの2頭の1～2着は確定だ。だから馬連はもう当たっているのだが、⑧が1着なら3連単が的中する。そこで

3回東京2日　1R　3歳未勝利

着順	予想	枠番	馬番	馬名	性齢	斤量	騎手	タイム	着差	通過順	上り	人気	単勝オッズ	体重増減	厩舎
1		❹	⑧	チャームクォーク	牝3	54	石橋脩	1.39.9		4 3 4	外37.8	⑥	17.2	452−6	北大和田成
2	○	❻	⑫	フルオブグレース	牝3	54	北村宏	1.39.9	鼻	6 7 6	中37.5	③	4.9	486−6	北木村哲
3	▲	❼	⑭	キンナリー	牝3	54	戸崎圭	1.40.4	3	14 15 15	外**37.1**	②	3.9	470−4	南田島俊
4		❷	④	サンボストン	牝3	51	野中悠	1.40.5	½	⑯ 12 10	内37.5	⑩	129.1	482+8	北中野栄
5	△	❽	⑯	キューティロンプ	牝3	51	武藤雅	1.41.2	4	12 16 16	中37.8	⑤	7.2	472+16	北武藤善
6		❸	⑥	ワカバ	牝3	52	井上敏	1.41.2	首	⑯ 14 14	中38.0	⑯	278.6	424+6	南小桧山悟
7		❶	②	ラブリイメッセージ	牝3	51	横山武	1.41.2	鼻	5 5 6	内38.8	⑮	206.0	450+2	南鈴木伸
8		❷	③	ハッピーパーティー	牝3	54	吉田豊	1.41.3	首	8 10 10	内38.3	⑭	174.1	434−2	南小西一
9		❺	⑨	コースタルブルー	牝3	52	伴　啓	1.41.5	1¼	⑫ 9 8	内38.8	⑬	160.9	446　0	北高柳瑞
10		❺	⑩	クリノユウコリン	牝3	53	木幡初	1.41.5	首	8 12 13	外38.4	⑪	131.5	440　0	北高市圭
11		❶	①	ピジョンルビー	牝3	54	平野優	1.41.6	首	⑧ 7 8	中39.0	⑧	32.5	462	北竹内正
12	▲	❸	⑤	ノヴァルーナ	牝3	54	モレイラ	1.41.6	頭	2 2 1	中39.7	①	3.6	460−12	北堀　宣
13	◎	❹	⑦	ヒスイ	牝3	54	柴山雄	1.41.7	½	6 5 4	中39.5	④	5.0	494　0	北谷原義
14	△	❽	⑮	ラブパレード	牝3	51	菊沢一	1.42.0	1¾	2 3 2	中40.0	⑦	32.1	458−4	南菊沢徳
15	△	❼	⑬	リープリッヒターゲ	牝3	54	松岡正	1.43.1	7	1 1 2	中41.2	⑨	41.1	464+4	南堀井雅
16		❻	⑪	ベルベールダンス	牝3	54	丸山元	1.44.9	大	11 10 10	中41.9	⑫	137.2	448+2	南青木孝

単⑧1720円　複⑧370円　⑫160円　⑭160円　　ブリンカー＝②⑦⑪
馬連⑧—⑫3180円⑪　　枠連❹—❻780円③
馬単⑧—⑫7360円㉕　３連複⑧⑫⑭3800円⑫
３連単⑧⑫⑭35200円112
ワイド⑧—⑫860円⑪　⑧—⑭1170円⑬　⑫—⑭410円③

「石橋石橋！」「いしばしいしばし！」「バシバシバシバシ！」と連呼。しかし2頭とも譲らず、ついに鼻面を揃えてゴール。「頭はどっち？」と隣のアキラ君に聞いても「わかんないですね」。すると「8番が勝ってるよ」とトシキ。リプレイを見るとホントに際どいハナ差で、⑧が1着だった。おかげで、3180円の馬連、3800円の3連複、3万5200円の3連単が全部当たり。おお、素晴らしい。朝の1Rからこんな当たりが来るとは珍しい。

　しかもこの日は珍しく、続く2Rの⑦サンナッシュビル（5番人気で3着）、3Rの①ラヴィソント（9番人気で3着）、4Rの⑫ホウオウドリーム（3番人気で1着）と、連続して返し馬診断が大当たり。返し馬で見つけた馬が1〜3着に入ることは時にあっても1日に1度か2度くらいなもので、1Rから4Rまで連続して激走するなんて初めてだ。ではお前、大儲けしたんだろと思われるかもしれないが、ゲットしたのは東京1Rだけで、あとはことごとく外すのである。ちなみに東京1Rから4Rまで、返し馬作戦で発見した馬の複勝は、370円、210円、790円、320円で、これを1000円からスタートしてころがしていると、4R終了時点で、総額が20万弱になっていた計算になる。ではどうして2〜4Rを外したかというと、まず2Rはダントツ1番人気の⑮リンガスネオ（2着）を外して3連複を買ってしまったからだ。そして3〜4Rはヒモにはしたものの、私の軸馬がどこにも来なかったのでスカ。最初から複勝ころがしをしていればホントによかった。

この日のピークが東京6R（3歳未勝利のダート1400m戦）の③ランボシ。16頭立て15番人気の馬で、その単勝は200倍を超える。鞍上はいつも強い返し馬をすることで知られる宮崎だし、こんな超人気薄の馬が来るなんてめったにないと、見なかったことにしたら3着に激走してその複勝が2350円。おいおい。このレースはダントツ1番人気の⑥データヴァリューが勝ったのだが、この馬とのワイドが3900円。捨てたつもりで1000円買っておけよ。とはいっても、こういう超人気薄の馬を見つけるたびに買っていたら、大変な損害になる。

馬券は外し続けたものの、返し馬診断がこれだけ当たると人間はどうなるか。7R以降の返し馬診断は当たらなかったが、一日に5回も当たったのだ。まだまだ当たるぞと思うのが人情というものだ。で、東京12Ｒ三浦特別（３歳上１０００万下のダート１６００ｍ戦）の返し馬で双眼鏡の視野いっぱいに飛び込んできたのが、④ハヤブサライデンと⑯ゴールドリーガル。12番人気と10番人気の馬なので、馬連とか３連複を調べてみるとすごいオッズが並んでいる。さあ、どっちだ。ええい、両方買っちゃえ。というわけで、この２頭を１〜２列目に置き、２〜３列目に人気馬３頭を置き、３列目にばらばらと穴っぽい馬を置いて買ってみた。どちらか１頭が飛んでくるだけで嬉しい配当になるが、２頭ともに来たら大変なことになる。夢いっぱいの馬券だったが、結果は12着と10着。ふーん。

今週はトシキとアキラ君を誘って安田記念の日に東京競馬場に出撃したが、私が当てたのは東京１Ｒだけ。「イシバシイシバシ！」と叫んで的中したときには、今日はいくら儲かるんだろうと思ったが、終わってみると全治１ヵ月。もうすでにかなり前にパンクしていて、毎週どこかから金をかき集めてきたが、それも限界である。もうだめだ。春競馬の終了を見届けずに撤退するのは大変淋しいが、こうなっては致し方ない。来週からは静かに余生を送りたい。これまでの楽しかった日々が走馬灯のように蘇る。楽しかったよなあ。競馬をやっていたおかげで、彼らと会えたのだ。いま、そのことに深く深く感謝する。

ＷＩＮ５の１３２万をなぜ取れないのか？

競馬人生をやり直すことにした。馬券作戦を変更するとか、そういうレベルではもう立て直せない。抜本的な改革を断行しなければこのドロ沼を抜け出せないのである。そこで今週から３つのルールを作った。①一日３レースしか買わないこと②１レースの資金は上限が３０００円であること③ただし、ＷＩＮ５の購入は可、という３つである。とりあえず夏競馬が終わるまではこのスタイルを貫きたい。全面的に弱気なスタイルだが、それだけ追いつめられていると解釈していただきたい。もう私、身動きが取れないのだ。そこで３回東京４日目の購入レースは、阪神８Ｒ、東京11Ｒと12Ｒ。結論から先に書くと、阪神８Ｒと東京12Ｒは外れたものの、東京11Ｒ（つまりエプソムＣだ）は３連複をゲット。とはいってもこのレースの３連複は、６８９０円であるから、たいした当たりではない。ＷＩＮ５も外れたので、一日の収支はもちろんマイナス。しかしエプソムＣの３連複が当たったなら、それほどのマイナスではあるまい、と思われるかもしれない。私だってそう思いたい。ところがなぜか1日の収支は全治半月のマイナス。どうして？

購入レースの最初が阪神８Ｒなら朝から行くこともあるまい、と競馬場には昼から行くつもりだったが、到着したらちょうど東京４Ｒのパドックをやっていて、つい見ちゃったのが最初の失敗。３歳未勝利の芝１６００ｍ戦だが、マツリダゴッホ産駒の⑨クリュティエがよく見えたのである。超ぴかぴかというわけではないが、ちょっと面白そうなデキだ。前走が9着なので人気を落としているが、その前の２走は3着、４着。ストライドの大きな馬だから広い東京が合っている、との調教師のコメントが新聞に載っている。8番人気の馬で、その単勝が32倍だったのに直前に25倍。なんだかこのオッズの動きも怪しい。そこでデムーロ騎乗のステイゴールド産駒で2番人気の⑯オーロファインとの馬連とワイド（70倍と20倍）、それに⑨の単複。そこまで買うと1番人気の⑬フライベルクがこわくなったので、３連複の⑨⑬⑯（50倍強だ。おいしい）まで購入。３連複は⑨⑯の2頭軸でもっと買いたかったが、それはいくらなんでもやりすぎだろと中止。全部各１０００円なので合計が５０００円。せっかく決めたルールを最初から破ってしまったが、朝から競馬場に来ていたらこのくらいは使っていただろうから、まあ許容範囲だ。⑨クリュティエはデムーロ騎乗の⑯オーロファインに先着。もっとも7着と8着だったから、馬券は外れ。ちなみに1番人気の⑬は４着。ふーん。

続く東京5R、阪神6～7Rと予定外のレースに手を出し続け、そして阪神8Rを外したときに、はっと冷静になったが、もう遅すぎたのである。今週だけのことならいいが、3レースしか購入できないというルールは来週からも続くのである。大丈夫かなあ。パドックでちょっとくらい気になった馬を見つけても、絶対に買わないこと。強く言い聞かすのである。

今週の失敗は他にもある。エプソムCの前日予想の本命は、⑦マイネルハニー（6番人気）だった。2列目に置く3頭は、⑥デンコウアンジュ、⑩アストラエンブレム、⑭タイセイサミット。順に、3番人気、1番人気、2番人気だが、ここまでの馬、全部4歳馬である。このレースに出走する4歳馬は全部で4頭いて、そのうちの3頭が1～3番人気。⑦マイネルハニーだけ人気がないのだ。コノヤロというわけで、その⑦を本命にしたのだが、当日の昼になって、2列目の3頭から⑥と⑭が脱落して、⑫ダッシングブレイズ（5番人気）が浮上。馬券的には⑦がいちばん面白いが、頭はないと読んで、WIN5には⑩と⑫を申告。それで⑦が本命のままなんですよ。つまり、このレースの1着⑫、2着⑩、3着⑦は、私のド本線なのである。どうしてその3連複（6890円）を100円しか買ってないのか、自分でも理解できない。通常ならどんなに少なくても1000円は買っていなければおかしい。そうしておけば、6万8900円。十分ではないか。

　さらにこの日のＷＩＮ5は、3番人気→4番人気→2番人気→3番人気→5番人気で、その配当が132万。私のストライクゾーンだ。どうして、マーメイドSのマキシマムドパリを外すかなあ。このレース以外ではすべて1番人気馬を指名していたので、マーメイドSで荒れないと超安いと踏み、ここでは5番人気以下だけにしたのだ。エプソムCのように1番人気と5番人気を指名して5番人気のほうが勝つという展開があるのだから、マーメイドSで蹴飛ばすのは1〜2番人気の2頭だけでよかった。そうしておけば、132万。おお、どうしてそうしなかったのか。それにエプソムCでなぜあの3連複を1000円買えなかったのか。ばかだお前は。帰りの車中でずっとＷＩＮ5とエプソムCのことを考えていた。大丈夫だろうか私。いつまで競馬、できるだろうか。

レースを絞ったときの問題

３回東京６日目の１R。３歳未勝利のダート１６００m戦だが、パドックの気配が目立っていたのは②フィールザサンダー。ここまで芝で〔０３１３〕という成績で、ここが初ダートの一戦である。もしもこのレースを買うなら、という前提で検討してみた。３番人気の馬であるから、単複の妙味はない。買うなら馬連かワイドだろう。相手候補は次の３頭。内から順に、⑥コスモオペラ（５番人気）、⑧ハイアーグラウンド（２番人気）、⑯サンラファエル（１番人気）だ。ルメール騎乗の⑯は単勝１・９倍というダントツ人気だが、まずこれを嫌ってみる。というのは、前走が中山の１８００mダート戦で差して２着したからここで人気を集めているのだろうが、同じコースならともかく、コースが替わるのだ。東京に替われればもっと差しが決まりやすくなるという見方もあるが、私はコース替わりのときは減点することにしている。残る⑥と⑧はほとんど差がなく、ならば人気のない⑥のほうだと、馬連とワイドの②⑥を各１０００円。いや、いつもならそう買っただろうという話だ。

ただいまは一日3レースしか馬券を購入しないというリハビリ期間なので、そこまで検討したらおしまい。あとは黙ってレースを見るだけ。ちなみに馬連は30倍、ワイドは8倍強。すると1着⑧、2着⑥、3着②という結果で、馬連は外れたものの、840円のワイドが当たるのである。検討の結果残った3頭の3連複は、2590円。3連単は1万6500円。たいした配当ではない。

ところが続く2Rも当たっちゃうのである。このレースのパドックで気配が目立っていたのは⑭サンシロウ（7番人気）で、なんと2着に駆けるから驚いた。1着は3番人気の⑨パガットケープで、その馬連は5510円。私が実際に買うとしたら1番人気⑧オメガジェルベーラ（3着）とのワイドだろうが、そちらの配当は1080円。ケンなどせずに朝からばしばし買っておけば、2連勝なのである。だから続く東京3Rのパドックで、⑤ドントキャッチミー（7番人気）の気配が目についたときは迷った。ここは買うべきなのではないか。その時点での単勝34倍（最終的には30倍、複勝3～4倍）。すごくおいしい。朝からばしばし買っているときなら、1R、2Rと当たったことに気をよくして、ここは⑤の単複各1000円と、ダントツ人気の⑧フォーティプリンスとの馬連、さらには⑤⑧の2頭を軸にした3連複をばらばら買っていただろう。すると、ダントツ人気の⑧は危なげなく勝ったものの、⑤は8着。そんなにうまい話はないのである。そこでコノヤロと熱くなってどかんどかんと突っ込んで、大負けするというのがいつものパターンだ。

ところがリハビリ期間中の私は、1Rも2Rも3Rも、ずっとケンするのである。この日の勝負は、阪神7R、函館8R、函館9Rの3つ。そこまで、じっと我慢の子なのである。よく我慢できたよなあ。とりあえず自分を褒めてあげたい。その阪神7Rは、あのカズマペッピーノが出てきたとあっては買わざるを得ない。今年の1回阪神初日の6R、7番人気で5着だった馬だ。直線を向くまでは頭もあろうかという勢いだったのに、ぴたっと止まったので、距離が長かったのか坂がこたえたのかどちらかだろう、とメモしていた馬である。本当は坂のないコースのほうがよかったのだが、距離を200m短くしてふたたび阪神に登場である。驚いたのが朝の段階でこの馬が1番人気だったこと。500万下に上がってから5着5着という馬ですよ。なんで1番人気になるの？　昼の段階でもまだ1番人気で（最終的には5番人気になっていたが）、まったく理解しがたい。馬連、3連複、さらには3連単まで買って、さあどこからでも来い、という布陣だったが、そのカズマペッピーノ、何もしないまま12着。ふーん。

函館8Rのワイド460円を3000円仕留めたのでこの日の負けは少額ですんだが、問題は函館9Rで馬券購入が終わってしまうと暇を持て余すこと。本来はその後はWIN5で楽しもうという計画だったのだが、1発目の阪神10Rでコケると何もすることがないのだ。まだレースは７レースも残っているのに、あとは黙って見ているのはつまらない。そこで買う予定のなかった函館スプリントＳの馬券を買うことにした。ＷＩＮ５で指名した７頭の３連複ボックスを購入すると、⑧ジューヌエコール、③キングハート、④エポワスと決まって３連複の配当が１万３１２０円。面白いじゃないの競馬。もっともこれで気をよくして、東西のメインに最終まで買ってしまったら足が出た。なかなかうまくはいかないものである。来週からの課題は、購入予定のレースが終わったらどうするか、ということだ。自宅にいるときならテレビを消してしまえばいいが、仲間と競馬場に行ったときはどうするのか、まさか先に一人で帰宅するわけにもいかないだろう。おお、どうする？

時代はワイドだ

翻訳家のトシキは学校でも教えているのだが、その生徒をときおり競馬場に連れてくる。カド君30歳はそんな一人だ。競馬を始めてまだ2年目の初心者である。3回東京7日目の2R（3歳未勝利のダート1600m戦）の配当がターフビジョンに映し出されると、「この単勝を取りました」と振り向いてカド君が言う。そのレースを勝ったのは4番人気の⑫パルナッソスで、単勝は910円。「すごいじゃん、どうしてこの馬を買ったの？」と尋ねると、その返事が面白かった。「返し馬で選びました」。返し馬？　それは聞き捨てならないことを言う。そこでもっと詳しく聞いてみた。カド君によると、返し馬のとき、尻尾が上下に揺れない馬を選んだのだという。なに、それ？　そんな返し馬作戦、初めて聞いた。ここから先はカド君の推理なのだが、馬に大切なのは上下運動ではなく、前方への推進力なのではないか。だから、ひたすら前方に向かって筋肉を動かす馬は尻尾が激しく上下に揺れないのではないか。そういう馬を探したというのである。へーっ、と思って。次のレー

3回東京7日　6R　3歳未勝利

着順	予想	枠番	馬番	馬名	性齢	斤量	騎手	タイム	着差	通過順	上り	人気	単勝オッズ	体重増減	厩舎
1	△	❷	④	カネトシユキミ	牝3	51	武藤雅	1.19.0		4 2 内	**36.7**	⑨	37.6	400+ 4	北 水野貴
2	△	❸	⑤	ジッテ	牡3	56	宮崎北	1.19.3	2	1 1 内	37.2	⑪	55.6	456 0	北 的場均
3		❺	⑩	ペラッチ	騸3	56	内田博	1.19.5	1¼	2 2 中	37.3	⑬	60.9	464- 6	北 手塚貴
4		❽	⑮	サンコロナ	牝3	51	野中悠	1.19.6	½	2 2 内	37.4	⑫	58.8	398- 2	北 天間昭
5	▲	❹	⑧	アントレーン	牝3	54	熊沢重	1.20.0	2½	4 5 中	37.6	③	8.5	432+ 2	南 浅野洋
6	△	❻	⑪	パーティーピーポー	牡3	56	戸崎圭	1.20.2	1¼	12 16 外	36.8	②	4.0	468 0	北 鹿戸雄
7		❹	⑦	ニシノマッハ	牡3	56	吉田豊	1.20.3	首	12 11 中	37.3	⑮	86.3	452-14	南 中舘英
8	◎	❺	⑨	ダノンイーグル	牡3	55	木幡巧	1.20.3	首	④ 5 中	37.9	①	1.9	488- 8	南 久保田貴
9		❻	⑫	セブンレジェンド	牡3	56	柴田善	1.20.3	鼻	8 8 外	37.5	⑧	37.2	512- 8	北 本間忍
10		❶	①	バーンザブリッジ	牡3	56	丸田恭	1.20.3	鼻	⑯ 16 中	36.9	⑯	87.6	518+ 4	北 宗像義
11		❶	②	アサーティブ	牝3	54	石川裕	1.20.5	¾	⑫ 11 内	37.5	⑥	19.2	452- 8	南 萩原清
12		❸	⑥	レアリティバイオ	牡3	56	大野拓	1.20.6	½	8 8 中	37.9	⑤	15.7	514 0	南 松山将
13	▲	❼	⑭	ロマンスマジック	牝3	54	嘉藤貴	1.21.0	2½	④ 5 外	38.6	④	14.7	446+ 2	北 奥平雅
14		❷	③	ハコダテオウカ	牝3	54	中谷雄	1.21.1	¾	10 8 内	38.4	⑭	78.6	474+ 6	南 小西一
15	○	❽	⑯	ディアヴイーバル	牡3	56	田中勝	1.21.5	2½	10 11 外	38.6	⑦	32.5	466+ 6	北 新開幸
16		❼	⑬	ロバリーゴー	牡3	56	江田照	1.22.0	3	⑯ 16 外	38.5	⑩	53.0	486- 2	南 尾形和

単④3760円　複④630円　⑤1220円　⑩1490円　　ブリンカー＝⑩
馬連④—⑤46500円㊸　　枠連❷—❸7360円㉓
馬単④—⑤96100円130　３連複④⑤⑩598710円435
３連単④⑤⑩3615960円2713
ワイド④—⑤7430円㊺　④—⑩16210円㊾　⑤—⑩27190円114

スから、カド君の視点に基づいて返し馬を見てみた。

ところが、これがなかなか難しい。だいたい、どの馬の尻尾も走るときは上下に揺れているのだ。「あれはどう？」それに近いかなと思う馬を発見して私がその馬番を言っても、カド君は「あれはだめです」と却下。尻尾評論家はなかなか厳しい。ついに発見したのは東京6R。3歳未勝利のダート1300m戦だが、③ハコダテオウカという馬が目の前を走っていったのだが、その尻尾がまったく揺れていない！　さっそくカド君に「あの3番は？」と言ってみた。すると「あれです！」と力強い返事。続いて、⑤ジッテという馬も私にはその尻尾が微動だにしなかったように思えたのだが、「あの5番は？」と言うと、「あれは微妙ですね」。私はカド君の視点で返し馬を見ていただけで、発見したからといって馬券を買う気はない。ちなみに③ハコダテオウカは14番人気、⑤ジッテは11番人気。

こんなのが来たら大変だ。ところが本当に来ちゃったのである。「あれです！」と力強く断言した③ハコダテオウカは14着だったが、「微妙ですね」と全面的な賛同を得られなかった（しかし私のチェックは通過）⑤ジッテが2着に激走したのである。しかも勝った④カネトシユキミが9番人気、3着の⑩ペラッチが13番人気だったので、その3連単は360万円！　途端にその日の朝のことを思いだした。競馬は1〜7番人気の7頭が必ず絡むもので、その7頭以外の馬で決まるケースは（つまり8番人気以下の3頭で1〜3着を独占するのは）なんと100レースに1つしかない、という話を私はカド君に言ったのである。何かのコラムで読んだ豆知識を披露したにすぎないが、競馬を始めて2年目の初心者は「そうなんですか」となんでも感心して聞いてくれるので嬉しい。カド君、この東京6Rがそうだったよ。

今週は博多からオサムが上京したので、トシキにカオルなどいつものメンツが東京競馬場に集結したのだが、購入レースを制限している私は暇で暇で仕方がない。カド君の話に乗って返し馬を観察していたのも、そんなことでもして過ごさないと、つい馬券を買ってしまいそうになるからだ。しかし競馬場に行って1日3レースというのは無理ですね。一応「厳選3レース」は選ぶのだが、それ以外に3〜5レースくらいは補欠候補にして待機。パドックや返し馬を見て、自信を持てたらそれらの待機レースも出動してよし、とマイルールを一部変更することにした。しかし「厳選3レース」という大きな縛りを作ったので、たとえ補欠レースを繰り上げても以前のような額は買わないし、本当にささやかな購入にすぎない。マイルール変更のその2は、「厳選3レース」のレースごとの上限は5000円にした。しかもそのうち3000円はワイドにすること。残りの金額は3連複、時には単複、自由にしていいが、馬券の主力はワイドということにした。

オサムと二人で出撃した日曜日のヒットは、東京8R。3歳上500万下の芝1800m戦だが、私の軸は⑥マイネルラプティス（5番人気）。⑬インシュラー（2番人気）へのワイドを3000円（約10倍）買うつもりだったが、返し馬で⑧スマートエレメンツ（8番人気）の動きが素軽かったので（カド君の返し馬診断ではなく、いつもの診断で）、⑬へのワイドは2000円にして、⑧へのワイドを1000円購入することにした。すると、⑧が2着、⑥が3着で、ワイドが的中するのである。「ダイチダイチダイチ！」と叫んで、かなりきわどい3着だったけど、ぎりぎりセーフ。そのワイドが2030円。たいした配当ではないがボウズを回避できるのは大きい。勝ったのは9番人気の⑦ピッツバーグで、1円も買う気のなかった馬だから、3連系の馬券を買っていたら外れていた。ワイドにして正解だったのである。時代は、ワイドだ！

リハビリのフォームを早く確立せよ

1レースの上限を5000円にしたのは、ワイド3000円という馬券を買ったあと、もう少し馬券を買いたいと思うことがあるからである。そのときに3000円の縛りをつけていると窮屈になるので、枠を5000円に広げたい、ということだ。ワイドだけで十分とか、3連複だけで十分というときは、もちろんこの上限に達しない。つまり、万が一のときのために枠を少し広げておこうということである。購入金額はこのように幅を広げたが、購入レースの枠は広げない。あくまでも一日に3レースを厳守。実際には競馬場に行っても行かなくても、終わってみると一日7~9レース買ってしまっているが、「厳選3鞍」の思想は守っている。どういうことかというと、絶対に一日3鞍だぞ、と自分に強く言い聞かせているから、7~9鞍くらいですむのだ。それに「厳選3鞍」以外のレースは購入金額も微々たるものにしている。以前はその場の思いつきで、3連複に3連単など買う予定のなかった馬券をどんどん買い足して、気がつくと購入額がおそろしいほど膨れ上がることも珍しくなかったが、ただいまはそういうことはなし。

たとえば、1回函館6日目の「厳選3鞍」は、函館9R、福島9R雄国沼特別、福島12Rだったが、全部外れ。そこでその場の思いつきで、函館10R檜山特別の馬券を買ったのだが、3番人気⑤スタースストラックからワイドを2点買うとワイド⑤⑦2090円がヒット。⑦ウェイトアンドシーはパドックの気配が気になったので買ったにすぎないが、逃げ残ってくれたので思わぬ配当となった。もしもこのレースが「厳選3鞍」であったなら、14万の3連単は取れなかったろうが、3万7130円の3連複はゲットしていたに違いない。ワイド2090円も3000円仕留めていただろうから、配当総額は約10万。しかし「厳選3鞍」以外のレースは金額を絞るので、当てたのはワイド1000円のみ。残念だが仕方がない。これでいいのである。

この日の失敗は、中京7R。3歳上500万下のダート1800m戦だが、グリーンチャンネルでパドック中継を見ていたら、⑨サルサディオーネの気配のよさが目についた。急いで調べると2番人気。もう1頭、これはという馬がいればワイド1点でもいいのだが、そういう馬も不在。そこで、それではこの馬を軸にして3連複流しはどうか。そこで選んだヒモは以下の6頭。③サウンドパラダイス、⑧エキドナ、⑩エンドレスコール、⑬カリーニョミノル、⑮ヒダロマン、⑯ジャーマンアイリスだ。人気は順に、5番人気、6番人気、

7番人気、1番人気、9番人気、3番人気である。1頭軸の相手6頭だから、3連複は15点。たったの1500円なら思いつきで捨ててもいいだろう。「厳選3鞍」以外のレースではこのくらいが限度。そう思ってしまったことをあとで後悔することになる。

私の軸馬、⑨サルサディオーネはぽんとハナを取り、誰にも邪魔されずにコースを回っていく。4コーナーで鞍上和田の手が動いたような気もしたが、ここからが粘り強い馬で、全然抜かれないのだ。ところがゴール200m手前のところで、自分の失敗に気がついた。そのとき内からするすると2番手に上がってきたのが①アオイテソーロという馬で、あとで調べてみると4番人気の馬。なぜかこの馬を私は買ってない！　その脚いろからいって2着はこの馬で確定である。⑨サルサディオーネは逃げ切り態勢なのだが、2番手の馬を買ってないのでは3着に何が来ても、もうだめだ。こういうときは1番人気の馬（デムーロが騎乗の⑬カリーニョミノルだ）が3着に来て、せめて低配当になってほしいが（①⑨⑬は27倍だった。おお、このくらいの配当なら諦められる）、こういうときに限って人気薄が3着に来るんである。それが⑮ヒダロマン。おお、ちゃんと私は買っている。なんと9番人気の馬なので、3連複は2万4480円。がんがんいっているころなら、244倍の3連複など、まあ嬉しいけれども飛び上がるほどではない。しかし、購入金額を極端に抑えている最近では、244倍は宝くじが当たったに等しい。3連複流しのヒモが１頭増えても、15点が21点になるにすぎない。１５００円が２１００円になるだけで、２万４４８０円が手元に来たというのに、どうして４番人気馬をヒモに加えないのだ？もう信じられない。「厳選３鞍」以外のレースでは購入金額を１５００円にすると決めたわけではないのだ。それが２１００円になったところで何の問題もない。

「厳選３鞍」で、「購入金額の上限は５０００円」という縛りは、今の私に必要だけど、その意識があまりに強すぎると、無駄に窮屈になりすぎてこのように失敗するという見本だろう。ホントに競馬は難しい。夏競馬の本番は始まったばかり。リハビリのフォームを早く確立しなければと思うのである。

間違えて3連単

競馬エイトの「血統ワンポイント」というコラムを読んでいたら、デムーロ騎手の腹帯にテントウムシが刺繍されているのは、母国イタリアでテントウムシは幸運を運んでくる虫とされているからだ、と書いてあった。腹帯ってなに？　オサムに尋ねると、「ほら、馬の腹に巻いているじゃないですか」と即答。あれが騎手別とは知らなかった。同じ馬には同じ腹帯を巻くのだとばかり考えていた。それでは板前さんが包丁持って全国を渡り歩くように、腹帯を持って騎手は各国を渡り歩いているのか。デムーロはテントウムシだって知ってた？　と聞くと、さすがにオサムも知らなかったようだ。そこで、3回中京3日目の6R、2歳の新馬戦だが、デムーロの馬に注目してみた。「あ、ありますよ、あれがテントウムシですよ」とオサムは言うのだが、私、目が悪いのでモニターに顔を近づけてもよくわからない。その新馬戦でデムーロが騎乗する⑨レディバードの馬名の意味が「テントウムシ」だというので、普段は新馬戦の馬券は買わないのだが、俄然《がぜん》買う気になった。こんな偶然はめったにないぞ。ところが調べてみると、⑨レディバードは単勝3・5倍の1番人気。これでは馬券の買いようがない。で、馬券を見送ると、先行したものの、3番人気の⑩マイネルオスカルに差されて2着。次走も人気は必至だが、これも何かの縁だと思うので、3倍以上つくなら今度は単勝を買ってみたい。覚えていれば、の話だけどね。

今週はオサムと中京競馬場に出撃したのだが、前夜に決めた土曜の購入レースは中京と福島の最終レースのみ。1日3レースは買ってよろしいというのに、「厳選2鞍」にしかならないのである。もちろんそれは前日検討の結論にすぎず、当日に購入レースを追加するということは、このリハビリを始めてからもしょっちゅうある。でも「厳選3鞍」という縛りがあるので、以前のように1日20レースを超えるということは絶対にない。だいたい7～9レースくらいだろう。エプソムCの週からこの夏限定のリハビリを始めたが、10レースを超えたことは一度もない。しかも当日追加したレースの購入資金は極端に抑えているのが我ながらエライ。この日も購入したのは全部で7レースだった。

ヒットしたのは中京12R。3歳上500万下のダート1400m戦だが、3番人気の⑤タガノグロリオーサ（鞍上はデムーロ）を1列目に置き、2列目は④ヤマノヒマワリ（10番人気）、⑥ハクサンベル（6番人気）、⑧マイネルラック（2番人気）。3列目はこの3頭の他に、②シゲルメジロザメ（9番人気）、⑦カノヤカンザクラ（15番人気）、⑩オリエ

3回中京3日　12R　3歳上500万下

着順	予想	枠番	馬番	馬名	性齢	斤量	騎手	タイム	着差	通過順	上り	人気	単勝オッズ	体重増減	厩舎
1	△	❸	⑤	タガノグロリオーサ	牡4	57	Mデムー	1.24.6		1 1 1	内37.4	③	5.0	458+6	栗川村禎
2	◬	❹	⑧	マイネルラック	牡4	57	川田将	1.24.6	首	6 4 5	中37.0	②	4.8	476+2	栗梅田智
3		❺	⑩	オリエント	牡3	54	松山弘	1.24.6	鼻	2 2 2	中37.3	⑧	28.7	524−6	栗藤岡健
4	△	❸	⑥	ハクサンベル	牡3	53	加藤祥	1.24.7	¾	3 4 3	内37.2	⑥	16.2	452 0	栗西園正
5		❻	⑪	エイシンルカーノ	牡3	54	幸　英	1.24.8	首	3 2 3	中37.4	⑪	40.8	470 0	栗渡辺薫
6		❼	⑬	アメリカンイナズマ	牡4	57	和田竜	1.25.0	1¼	6 4 6	外37.5	⑦	19.0	580−10	栗音無秀
7	◎	❶	①	テンモース	牝3	52	武　豊	1.25.1	¾	10 13 12	中36.9	①	3.7	448−4	栗飯田祐
8		❹	⑦	カノヤカンザクラ	牡5	55	荻野極	1.25.2	首	10 8 7	中37.4	⑮	133.4	506−16	栗橋口慎
9		❺	⑨	ワンダープレジール	牡5	57	川島信	1.25.4	1¼	16 16 15	中37.0	⑯	311.7	450−14	栗佐藤正
10	▲	❽	⑯	スズカチャレンジ	牡3	51	富田暁	1.25.5	½	14 16 16	外37.1	⑫	58.6	482 0	栗木原一
11	△	❶	②	シゲルメジロザメ	牝4	55	高倉稜	1.25.5	頭	3 8 7	内37.6	⑨	29.3	452 0	栗高橋康
12		❼	⑭	セングウ	牝5	54	岩崎翼	1.25.9	2½	14 13 12	外37.7	⑬	67.6	480+4	栗加藤敬
13		❷	④	ヤマノヒマワリ	牝3	52	酒井学	1.25.9	鼻	8 11 10	中37.9	⑩	34.3	472−4	栗飯田雄
14	○	❻	⑫	クインズマラクータ	牡3	51	森　裕	1.26.2	1¾	10 8 10	中38.4	④	5.0	518+4	栗山内研
15		❽	⑮	ビップキャッツアイ	牝3	52	福永祐	1.26.2	頭	10 4 9	外38.7	⑤	10.9	466−10	栗清水久
16	△	❷	③	エピックウィン	騸5	57	小牧太	1.26.5	1¾	8 12 12	内38.4	⑭	132.7	448−32	栗沖　芳

単⑤500円　複⑤200円　⑧180円　⑩620円　　ブリンカー＝⑨
馬連⑤—⑧1330円⑤　　枠連❸—❹940円④
馬単⑤—⑧2880円⑩　３連複⑤⑧⑩13160円㊸
３連単⑤⑧⑩51220円161
ワイド⑤—⑧510円②　⑤—⑩2170円㉖　⑧—⑩2210円㉘

ント（8番人気）、⑪エイシンルカーノ（11番人気）、⑫クインズマラクータ（4番人気）の5頭。ワイドの相手は2列目に置いた馬から選ぶのだが、オッズは24倍、13倍、5倍で、いちばんおいしい④⑤を選択。あとのフォーメーションは、自信があれば3連単、頭の自信がなければ3連複にするのが通例だが、最初に3連複のオッズを表示させると（このときはそう考えていた）、100倍以下がない。なんだよ、そんなにつくのなら3連複で十分だと思ったのだが、よく考えてみたら3番人気馬を軸にして100倍以下がないとはおかしい。このレースの1番人気馬①テンモースは自信の切りだったが、ヒモには2番人気も4番人気もいるのだ。ちなみに2〜4番人気の3頭で決まると28倍だった。ね、100倍以下はあるのだ。結論から先に書くと私は3連単のオッズを表示させていたのである。で、それが3連複オッズだと思って、そのまま購入したわけだ。

レースは、⑤が逃げ、⑩が2番手。直線を向いてもその態勢で（しかしデムーロは3番人気だから叫べず）、息をのむように見守っていると、この⑤タガノグロリオーサ、ガッツのある馬で、なかなか抜かせない。この日のダート戦は圧倒的に前有利という流れもよかったのか、⑤はそのまま逃げ切り。2番手で残る⑩に迫ってきたのは、内から⑥ハクリンベル、⑪エイシンルカーノ、⑧マイネルラック。この4頭が2～3着を争う展開になったわけだが、⑥と⑧のどちらかが2着の場合しか私の馬券は当たらない。そのときは3連複を買ったと思っていたので、⑥と⑧のどちらかが3着以内に入れば的中と思っていた。本当はきわどい道だったのに、つまり少しばかり余裕があった。外の⑧の脚いろがいちばんよく、2着にまで突き抜けたところがゴールだった。3連複の⑤⑧⑩は1万3160円。ワイドは外れたのでたいした儲けではないが当たらないより当たるほうがいい。ところが思ったよりも残高が多いのでヘンだなと思って調べたら、3連複のつもりで3連単を買っていたことが判明。それが5万1220円。間違えてよかった！

ところで、ツインハット5階のA指定席エリアで、「いつも4着」とプリントされたTシャツを着ている青年を見たが、あれはどこで買ったんでしょうか。すごく気になる。

「厳選3鞍」の思想

「ゲストルームでみんなでケイバ！　ビール飲み放題付きグループ観戦」という企画をJRAがやってるよ、と古い知り合いからメールが来た。3名以上で利用できる「飲み放題付きグループ競馬観戦プラン」というのをパークウインズ東京競馬場でやっているというのだ。利用代金は2500円。パークウインズ東京競馬場のS席は1000円だから、プラス1500円でビール飲み放題がつくという計算になる。ずっと昔、大井競馬場のダイアモンドターンに入ったとき、飲み放題をつけるとプラス1500円であったことを思い出す。いまはいくらになっているのか知らないが、つまりは安くもなく高くもなく、飲み放題プランとしては妥当な料金設定と言っていい。期間は7月1日から10月1日まで。夏競馬の間だけかと思ったら秋の中山開催時も続行するようだ。行こうよ、とその古い知り合いが言うので、2回福島5日目にパークウインズ東京競馬場に行ってみた。馬が走っていない東京競馬場に行くのは久々である。昔はよくS席に出かけたもので、悲喜こもごもの思い出がたくさんある。それにしてもみなさん、熱心ですね。馬は走っていないというのに、実に多くの人がいる。

私たちがうかつであったのは9時半にならないとゲストルームの受け付けが始まらないこと。開門と同時に行ったので30分待つこととなった。フジビュースタンド7階のゲストルームに行くと、他の客はまだ誰も来ていない。部屋の中にはモニターがいくつもあるので、このモニターは福島、ここは中京、ここは函館と、3場の画面に切り替えようとしたが、グリーンチャンネルが何チャンネルかわからない。競馬場の指定席には机の上のモニターのチャンネル案内があるところとないところがある。だいたい「1」が本場で、「2」が中央他場、「3」がグリーンチャンネルであることが多いのだが、競馬場によってはそれが異なるところもある。あれはどこだっけ。京都だったかなあ。チャンネル案内が置いてないので、グリーンチャネルは何チャンネルですかとインフォメーションに聞きに行ったことがある。すると、あちこちに電話して、最終的に「ありません」と言われたことがある。GⅠを開催する京都競馬場でそんなことはないか。では、どこだったろう。ゲストルームにおつまみ（6人以上でいくとおつまみセットをくれるのである）を持ってきてくれた案内嬢に尋ねてもわからないとの返事。ふーん。

もう一つの注意点は、飲み放題は11時から3時半までの間であること。開始が11時であるのはいいが（待ちきれなかったが）、終了はあと30分遅くしてほしい。3時半というのはメインレースの検討と馬券購入に忙しい時間なのだ。やっと購入してから飲み放題コーナーに行くと、もうシャッターは下りていた。3時半終了は明示しているのだから早く行けばいいのだが、馬券を売るための観戦プランであるなら、そのための配慮はほしいと思う。

なかなか馬券の話にならないのは、反省すべき点が多いからである。その1は、購入レース数が13レースにまで増えてしまったこと。みんなでわいわいがやがやと馬券を買っていると楽しいので、つい買ってしまうのである。もっともそのおかげで買う予定ではなかった福島4Rの3連複4640円とワイド④⑫1060円をゲットしたり、普段は買わない新馬戦（福島6R）でパドックの気配がよかった4番人気⑬ココロノイコロの単勝を買ったら本当に1着になるなど（1270円）、思わぬ余禄もあった。でもやっぱり10レースを超えないようにしたい。どこかで歯止めをかけないとまた以前のように20数レースを買う生活に戻ってしまう。

反省の2は、この日の福島9R郡山特別だ。前日検討で7番人気⑧プリティマックスを1列目の候補とし、ダントツ人気の⑭クリーンファンキーを2列目に置いたものの、2列目の残り2席が決まらないのだ。そのために「厳選3鞍」には選ばなかったことをあとで後悔する。1列目に1頭、2列目に1頭は決まっていて、あとが決まらないなら、もうそれだけでいいではないか。２列目の候補を無理に探すのはやめて、２頭軸にすればいい。そうすれば簡単に３連複５７９０円がヒットしていた。ヒモ８頭で買っていただろうから最低でも２００円、あるいは３００円は買っていたか。そうすれば２万円だ。⑧⑭のワイド（６９０円）も３０００円買っていただろうから、こちらも２万。合わせて４万。たいした配当ではないが、いまの私にはこれで十分である。この日の「厳選３鞍」はすべて外れたが、福島４Ｒ、６Ｒなどを取ったので危うくチャラ。この郡山特別をゲットしていたらプラスだった。１頭＋３頭＋６頭の３連複フォーメーション（それとワイド）を基本にするのはいい。しかし、「厳選３鞍」はすべてその基本に従わなければならない、ということはないのだ。局面に応じて、馬券はもっと自由に考えること。わかりましたか！

夏の珍事はいつまで続く？

それにしてもシマノは、本当に不思議な男だと思う。6時12分の始発に乗って飯坂温泉に行ったというからびっくり。競馬場の開門は9時なんですよ。ところがシマノに言わせると、福島から飯坂温泉は電車で往復1時間、向こうで1時間温泉につかっても、みんなとの集合時間までには十分に戻ってこれるというのだ。そりゃそうだけどさ、福島駅近くのホテルに泊まっているのに、温泉に入りたいという理由だけで早朝電車に乗って行きますか？　しかもこれにはオチがある。飯坂温泉についたらすごい土砂降りで駅から出ることができず、そのまま福島までUターンしたというから、何のために行ったんだか。その朝は私も福島駅前までふらふらと歩いていったが、駅前はほんのおしめり程度の小雨。それなのに飯坂温泉は土砂降りだったと聞いて、そんなに天候が違うんだと驚く。で、福島に帰ってきたシマノは結局、入場券を買って構内に入り、新幹線改札内にあるそば屋でそばを食べて戻ったという。

今週はいつものメンバーで福島入り。シマノにトシキにカオルにドクター松井。そしてツッチーとオサム。ここまでは昨年と同じメンバーだが、今年はアキラ君が初参加。総勢8人で、夏の福島最終週を楽しんできた。このグループは共同馬券をやるのが常だが、今回は土日ともに3連単フォーメーション36点買いを4鞍ずつやって、一人当たりの負担が１８００円。土日ともに1本も当たらなかったけれど、しかしあぁでもないこうでもないと検討し、みんなで応援し（今回は惜しい局面がいくつかあったので、声援にも熱が入った）、本当に面白かった。たったの１８００円でこれだけ楽しめるとは安いものだ。それにグループ馬券をやっていると、自分の馬券を買わずにすむから（買ってもいいんだが、あえて買うこともないと私はスルー）、レース数を絞っている今の私にはぴったり。と、思っていたのだが、総勢8人で出撃するとやはり楽しいので、普段よりもつい馬券を買ってしまうから、私もまだまだだ。土日ともに13レースで、合計26レースも買ってしまったが、これはリハビリ馬券を始めてからは新記録。以前ならその程度の数は一日の購入レース数に等しいが、「厳選3鞍主義」を貫いているただいまの私には、あまりに多すぎる。

なぜそんなことになってしまったのかということにはいくつかの理由がある。一つは、みなさん今回はよく当てたこと。たとえば日曜中京2Rの②デュミナスの単（４７７０円）をアキラ君が当てたと思ったら、ドクター松井は２２７倍の馬連をゲット。さらにドクター松井は函館メイン（函館2歳S）の馬連156倍まで当てるから素晴らしい。カオルもどのレースだったかなあ、300倍を超す3連複を仕留めるし、みなさん、馬券がうますぎるのだ。こうなると、私も取りたいなあと思うのが人情というもので、ついつい余分な馬券を買ってしまうのである。もう一つは、この日も4着地獄に泣いたこと。アキラ君とドクター松井が仕留めた中京2Rの私の本命は⑭スズカスマート（8番人気）だったが、この4着を皮切りに、「また4着だあ」の連続で、後ろの青年たちにウケていましたよとあとでアキラ君に聞いた。ウケたならいいか。中京競馬場で「いつも4着」のTシャツを着ている青年を目撃してから、なんだか最近は軸馬4着という結果が多い。日曜福島3Rの①レアリティバイオ（5番人気）も、函館12R潮騒特別の④クードラパン（3番人気）も、私が買うと4着なのである。こうなると「コノヤロ」と思ってしまうので、ついついまた手が出てしまうから困ったものだ。

リハビリ馬券術を始めてから、7週目になるが、最初のエプソムCの週はまだリハビリ馬券に徹しきれずに失敗したものの、それ以降の5週は「厳選3鞍」（他に少額の遊びレースを3～4やってしまうので合計では7～8レースになってしまうけれど）を守り、勝っても負けても少額という日々を過ごしてきた。この間、なんとボウズが一度もなかったから本人が驚いている。大勝ちしたわけではないが、大負けもなし、という結果で、一日1

本は確実に当てているのである。ボウズが続くことが珍しくない私には、夏の珍事と言っていい。しかしとうとう6週連続は無理かとさすがに今回は諦めた。残されたのは福島最終のみ。そこまでに負けた額は、もうシャレにはならない額で、以前と同じ。これではリハビリ馬券術の意味がないとうなだれていた。取り戻すことは考えてはいけない、と自分に言い聞かせているのに手が勝手にカシャカシャ動くから、またまた驚く。②サレンティーナ（3番人気）と⑬ナリノメジャー（4番人気）が、逃げ粘る⑩タニマサガール（鞍上は藤田菜七子）をぎりぎりかわして、結局は土日の負けを一発で取り戻したのだが、こういうことをやってはいかんと深く反省したのである。

新潟S指定は素晴らしい

当コラムの昨年1年分をまとめた『外れ馬券を撃ち破れ』（ミデアム出版社）が発売中である。この「外れ馬券シリーズ」は、1995年の『外れ馬券に雨が降る』から始まって、本書が23冊目だ。出版不況がずっと続き、書籍を取り巻く環境は相変わらず厳しいが、にもかかわらず、毎年刊行をしていただいて、ミデアム出版社には感謝してもしきれない。まことにありがたいことである。足を向けては眠れない。

例によって1年前のことなので忘れていることが多く、自分で言っちゃいけないが、読み返すと大変面白い。だって10日間馬券を買って、当たったのが2本だけというくだりがあるのだ。的中率がなんと1・6％。なんなのこいつ。とにかくボウズばっかり。このくだりで、「トリガミの帝王」トシキを思い浮かべた。彼は長らく、ボウズの意味がわからなかったという。それを言ったらカドが立つな、とずっと言わなかったというが、さすがに社会人である。どうしてボウズになるの？と尋ねられたら私、きっと傷ついたと思う。

1年前はこんなことをしていたのかよ、ということも少なくなく、その代表が3連単フォーメーション。3連単からはすっかり足を洗ったものと思っていたら、ほんの　時期、3連単フォーメーションを買っているのだ。1頭→3頭→6頭（このうち3頭は2着欄に置いた馬）のフォーメーションでたったの15点。単勝を1500円買ったつもりでこの3連単フォーメーションを買うというくだりにいたく感じ入って、実際にやってみたのが春の東京だ。菜七子が逃げ切って3連単が5万馬券になったことがあるが、あの馬券をゲットしたのは、『外れ馬券を撃ち破れ』のゲラを読んで、3連単フォーメーションもいいなと思ったからである。ちょうどいいときにゲラを読んだものだ。もっともその後はたまに買っても当たらないから、たまたまだったようだ。

「ちょうど1年前、いや安田記念のころか。君はどんな馬券作戦を採用していたのか、覚えている？」と、新潟競馬場のエスカレーターを昇るときに尋ねると、「軸馬からのワイド3点ですね」とオサムが即答。よく覚えているなあ。今週はオサムと1年ぶりに新潟競馬場を訪れたのだが、NiLS21スタンドのS指定席が素晴らしい。私は知らなかったのだが、オサムによると今年の春、4人掛けだったところを2人掛けにリニューアルしたとのこと。それもいいが、なによりもいいのは、机と椅子の間がゆったりとしていることだ。たとえば中京競馬場ツインハットのA指定席は、机と椅子の間が狭いので、太っている私などは腹が机にぶつかりそうになる。足もとも狭いから荷物を置くのも苦労するし、椅子の下に置こうとしてもだめ。それに比べて、新潟競馬場ＮｉＬＳ21スタンドのＳ席はたっぷりとスペースがあるのだ。机の上のスペースを実際に測ったわけではないが、これも京都よりは明らかに広い。これまでは机の広さということでは東京がいちばん広かったが、東京を抜いたかどうか。それはわからないが、机と椅子の間のスペースに関しては、おそらく東京よりも上。ということは日本一だ。Ｓ指定のネット予約は、ゴール過ぎのほうが多く、その点だけが問題だが（中京競馬場ツインハットのＡ指定も、その大半はゴール過ぎで、ここに何度も入っているということは、私は気にしていないということだ）、それを気にする人は当日指定に並べばいい。気にいったなあ新潟のＳ席。米は相変わらず旨いし、来年もまた行きたい。

馬券のヒットは、日曜札幌12Ｒ道新スポーツ賞（３歳上１０００万下の芝１５００ｍ）。②サングレーザー（２番人気）と⑧ツーエムマイスター（６番人気）のワイド３０００円と、この２頭に①ヒルノマゼラン（４番人気）を足した３連複①②⑧を１０００円。この３頭は、ＷＩＮ５で私が指名した３頭だ。ＷＩＮ５は３レース目のアイビスＳＤでコケたので、コノヤロと馬券で買ったわけである。すると、⑧ツーエムマイスターがぽんと飛び出してハナを取る。①は３番手、②は先行馬群の後ろで、インでじっと我慢。４コーナーを先頭で回っ

1回札幌2日　12R　道新スポーツ賞

着順	予想	枠番	馬番	馬名	性齢	斤量	騎手	タイム	着差	通過順	上り	人気	単勝オッズ	体重増減	厩舎
1	○	❷	②	サングレーザー	牡3	54	福永祐	1.29.7		6 7 7 内	**34.1**	②	3.0	482+16	栗浅見秀
2	△	❼	⑧	ツーエムマイスター	牡5	57	池添謙	1.29.9	1¼	1 1 1 内	34.8	⑥	21.9	458+6	栗本田優
3	◬	❶	①	ヒルノマゼラン	牡4	57	古川吉	1.29.9	鼻	3 3 3 内	34.6	④	5.9	510 0	栗昆貢
4	▲	❻	⑥	テラノヴァ	牝4	55	ルメール	1.29.9	首	⑧ 8 7 外	34.2	①	2.6	484-2	栗須貝尚
5	△	❻	⑦	パラダイスガーデン	牝5	55	四位洋	1.30.0	¾	⑪ 11 11 外	**34.1**	⑤	20.4	482 0	北柏谷昌
6		❹	④	メローブリーズ	牝3	52	藤岡康	1.30.1	首	5 5 4 中	34.6	⑨	58.5	444-12	北石毛彦
7	△	❽	⑪	スマートプラネット	牝5	55	丹内祐	1.30.2	¾	6 5 4 中	34.7	⑧	55.3	454-12	北和田雄
8	△	❺	⑤	ユメノマイホーム	牝5	55	蛯名正	1.30.2	頭	8 8 7 中	34.5	⑦	23.6	448-10	南伊藤伸
9		❸	③	レッドルモンド	牡5	57	ティータ	1.30.3	½	⑩ 11 11 外	34.5	⑩	84.1	510-10	北藤沢和
10	◎	❽	⑩	スズカゼ	牝3	52	横山典	1.30.6	2	3 3 4 中	35.3	③	5.3	474-4	北伊藤正
11		❼	⑨	ジェイラー	牝4	55	黛　弘	1.30.9	1¾	2 2 2 中	35.7	⑪	189.8	438-2	北菊川正

単②300円　複②140円　⑧340円　①180円
馬連②―⑧2580円⑩　　枠連❷―❼2800円⑪
馬単②―⑧4240円⑰　３連複①②⑧4510円⑱
３連単②⑧①21330円⑭
ワイド②―⑧1080円⑫　①―②360円④　①―⑧1520円⑰

た⑧がしぶとく残るところに①が迫ってくる。ここまではいい。さあ、問題は②だ。内があくのか福永。あくんですね、これがきっちり。インから伸びた②があっと言う間に抜け出して、あとは2着争い。最内に⑧、真ん中に①、外から猛追した⑥テラノヴァ（鞍上はルメールで、これが1番人気）。ルメールが3着以内に入っていたら、この馬を1円も買っていない私の3連複は外れ。⑧が3着以内に入っていなければワイドも外れ。ワイドは1080円、3連複は4510円とたいした配当ではないが、いまの私にはこれで十分。当たると外れるでは大違いである。きわどい局面だったが、2着が⑧、ハナ差の3着が①、クビ差の4着が⑥。おお、素晴らしい！

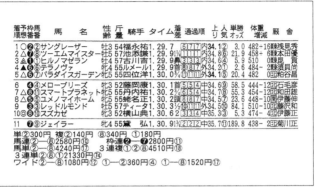

私のワイドVSオサムの3連単

カオルから「アメリカ競馬報告」が届いた。今年の6月、サンフランシスコ郊外のバークレイという町にあるゴールデンゲートフィールズ競馬場に行ったときのレポートである。最大の目的はベルモントSを購入してテレビ観戦することだったというが、いまでは日本でも馬券は買えるし、グリーンチャンネルで実況もあるのでアメリカにいるアドバンテージはない。しかも現地に行ってがっかりしたのは、エピカリス取り消し。と、ここまではベルモントSを目当てに行った人なら誰もが思う感想だが、興味深いのはこの先のレポートだった。馬券のタッチパネル式発売機がとても進化していたというのである。私、こういう話が好きである。カオルによれば、やや大型になり、最初の「競馬場を選べ」の画面には約20個の競馬場名が現れる。買いたい場名を探すだけで大変だが、馬券入力はとても便利で、たとえば3連単を買う際に「34with3478with347811」と入力した後に、「あ、やっぱり1着に8番を加えたいな」とか「2着の7番を消したいな」

と思ったら、当該の部分だけを変更することが簡単にできるようになっていたという。何通りになるかを確認しながら増減できるので、とても便利だというのがカオルの感想である。

私がこういう話を好きなのは、こういう変化は競馬の正史に残らないからだ。アメリカの「馬券のタッチパネル式発売機」で、当該の部分だけを変更することが簡単にできるようになったのはいつからなのかなんて、おそらく競馬史には残らない。しかしそういう細部にこそ、競馬を楽しむ人々のドラマが集約されていると、私は考えるのである。我が国でも、モニター画面における馬の通過順表示が横から縦に変わったのはいつからなのか、たぶん競馬史には明記されないような気がする。本当はそれが文化というものなのだが。ところで、その「馬券のタッチパネル式発売機」、日本でも導入すれば便利なのにと言うと、日本でやったら大変な行列になるとはカオルの弁。アメリカでは競馬場の入場者数が少ないからできるのであり、日本のように入場者数の多い国では実質的に不可能だろうとカオルは言う。

私がアメリカに行ったのはずいぶん前で、ちょうど秋の天皇賞をシンボリクリスエスが勝ったときだから、２００２年のことだ。そうか、あれからもう15年なのか。ブリーダーズカップがシカゴのアーリントン競馬場で行われた週末、ロサンゼルスのサンタアニタ競馬場に行ったのだが、その前日に寄ったハリウッドパーク競馬場（このときは場外馬券売り場だった）は2013年12月末で廃止され、いまはフットボールの新スタジアムを建設中だという。競馬場の閉鎖はベイメドウズなども相次ぎ、場外馬券売り場もどんどん閉鎖されていて、いまはLA市内にもサンフランシスコ市内にも場外馬券売り場はないという。なるほどね、競馬を取り巻く環境は国によってずいぶん違うということだ。

ベルモントSを取り消したエピカリスは今週のレパードSに登場してダントツ人気になったものの3着。私のWIN5もその瞬間に終わってしまったが、たとえここを通過してリーチがかかったとしても、新潟最終を勝ったのが11番人気の⑭コパノディールだから、どのみちだめであった。それにしても、1着が11番人気の⑭コパノディールで、2着が13番人気の⑦グランアラミス、3着が12番人気の⑬ネコビッチ、というのはすごい。これで3連単が179万というのが信じられない。もっとツイていいんじゃないかなあ。それにしても配当が発表されるというのは購入者がいるわけで、いったいどんな人がこの馬券を買ったのか。私の馬券とはあまりにスケールが違いすぎる。

今週、私がいちばん惜しかったのが小倉記念。4番人気の②タツゴウゲキが勝って、2番人気の⑧サンマルティンが2着。WIN5で⑧は買っていなかったので、際どいハナ差だったが、3着争いも際どかった。3番手で残る⑤フェルメッツァ（6番人気）に、外から⑥ベルーフ（8番人気）が激しく迫ったのである。私はこのレースで買ったのはワイド②⑥３０００円（約15倍）のみなので、「差せ差せ差せ」「ホワイトホワイト！」とテレビに向かって叫んだが、⑥はクビ差の４着。この時点ではＷＩＮ５がハナ差で通過したからいいや、と思っていたが、エピカリスが負けた瞬間、だったら小倉記念で③が２着になっても⑥が3着のほうがよかった、と思ってしまった。いまから選べるならＷＩＮ５よりもワイドを選ぶだろう。選べないんだけどね。もっともレースが終わったあとにオサムから来たメールを見ると、⑤が3着に残ってくれたので６８２０円の３連複が当たったという。そうか、私のワイドがもしも当たっていたら、彼の３連複が外れていたということだ。着順ひとつにさまざまな人のドラマがあるということである。競馬は楽しいなあ、と思うのである。

関屋記念の哀しみ

関屋記念を③マルターズアポジーが逃げ切った瞬間、本当にこの馬が勝っちゃうのか、と心拍数が急上昇した。この日のＷＩＮ５を検討した結果、このレースは先に行ったものが勝つと結論し、内から順に、③マルターズアポジー、⑩ダノンリバティ、⑬マイネルハニー、⑮ウインガニオンと4頭を選択。人気は順に、7番人気、5番人気、9番人気、4番人気の4頭である。それで、1着が③、2着が⑮、3着が⑩という結果で、私が選んだ4頭のうちの3頭が1〜3着。おいおい、本当かよと私が驚くのも無理はない。3連複が221倍、3連単が13万である。4頭ボックスを買えば、各500円の3連複ボックス（つまり2000円の投資）で11万、100円の3連単ボックス（こちらの投資は2400円）で13万をゲット。こんなに簡単に取れる馬券はない。それなのに私はこの馬券を取っていないのである。どうして？

そのわけはあとで話すとして、このとき心拍数が急上昇したのは、迷った末にこの日、

2回新潟6日　11R　関屋記念

着順	予想	枠番	馬番	馬名	性齢	斤量	騎手	タイム	着差	通過順	上り	人気	単勝オッズ	体重増減	厩舎
1		❷	③	マルターズアポジー	牡5	57	武士沢友	1.32.2		1 1 1 内	34.3	⑦	12.1	528 0	南 堀井雅
2	△	❽	⑮	ウインガニオン	牡5	57	津村明	1.32.4	1¼	2 2 2 内	33.9	④	6.6	494 0	栗 西園正
3		❺	⑩	ダノンリバティ	牡5	56	松若風	1.32.4	首	2 4 4 内	33.6	⑤	9.4	526 0	栗 音無秀
4	▲	❻	⑪	ヤングマンパワー	牡5	57	石橋脩	1.32.5	½	5 6 5 中	33.6	⑥	11.0	532+16	北 手塚貴
5	○	❶	①	ダノンプラチナ	牡5	56	蛯名正	1.32.5	頭	12 11 11 内	33.0	⑧	12.8	492+12	北 国枝栄
6	▲	❼	⑭	ロードクエスト	牡4	56	池添謙	1.32.5	首	9 8 8 外	33.3	②	6.1	454-8	南 小島茂
7		❸	⑤	ロサギガンティア	牡6	57	大野拓	1.32.7	1¼	5 6 6 中	33.6	⑭	100.8	534-4	北 藤沢和
8		❶	②	レッドレイヴン	牡7	56	北村宏	1.32.7	頭	7 8 8 内	33.4	⑮	167.5	516-4	北 藤沢和
9		❹	⑦	ショウナンバッハ	牡6	56	柴田善	1.32.7	鼻	15 15 14 中	32.9	⑯	182.5	448+4	北 上原博
10		❽	⑯	ウキヨノカゼ	牝7	55	吉田隼	1.32.7	頭	13 14 14 外	32.8	⑪	29.0	488-2	南 菊沢徳
11		❷	④	トーセンデューク	牡6	56	小崎綾	1.32.9	¾	16 16 16 内	**32.7**	⑬	71.7	450-2	栗 藤原英
12	△	❸	⑥	メートルダール	牡4	56	Mデムー	1.33.3	2½	9 11 11 外	33.7	①	4.2	476+6	南 戸田博
13		❹	⑧	オールザゴー	牡3	53	内田博	1.33.3	頭	2 4 6 内	34.1	⑩	26.3	478-2	栗 矢作芳
14	△	❼	⑬	マイネルハニー	牡4	56	柴田大	1.33.3	頭	7 3 3 中	34.6	⑨	17.2	480+2	北 栗田博
15	◎	❻	⑫	ブラックムーン	牡5	56	川田将	1.33.6	1¾	13 11 11 外	33.9	③	6.4	504+2	栗 西浦勝
16		❺	⑨	クラリティスカイ	牡5	56	横山典	1.33.7	¾	9 10 10 中	34.2	⑫	36.4	500+4	南 斎藤誠

単③1210円　複③500円　⑮300円　⑩270円　　ブリンカー＝⑦
馬連③―⑮7180円㉛　　枠連❷―❽5010円㉒
馬単③―⑮13300円㊾　３連複③⑩⑮22140円㊿
３連単③⑮⑩131710円499
ワイド③―⑮2480円㉜　③―⑩2080円㉚　⑩―⑮1170円⑫

ＷＩＮ５を購入しなかったからだ。私、毎週、ＷＩＮ５を検討する。それが土曜の夜の愉しみだ。ところが検討はするんだけど、2ヵ月に1回くらい購入しないことがある。それは点数を絞れず、あまりに高額購入になってしまいそうなときや、難解きわまりなく、まったく自信がないときだ。年に5～6回の、そういうとき以外は毎週購入しているが、今週144点まで絞り込んだというのにやめてしまったのは、こんなの当たるわけがないよな、と突然自信を喪失したからである。考えてみれば、毎週自信などないのである。それでも購入しているのである。なぜ今週だけ突然自信を喪失したのか、本人にもよくわからない。で、最初の札幌メインのエルムＳ（勝ったのは4番人気の②ロンドンタウン）を3頭指名で通過、2番目の小倉メインの博多Ｓ（1着は3番人気の③マサハヤドリーム）を4頭指名で通過。そして関屋記念を4頭指名で通過したのである。ここまでの1着馬の人気は、4番人気→3番人気→7番人気である。次の札幌最終の大雪ハンデキャップを無事に通過すれば久々にリーチだ。いやだなあ、不吉な予感がするなあ。ほとんど毎週購入しているのだよ、たまに買わないときに限って的中なんて事態だけはやめてくれ。私の願いもむなしく、大雪ハンデキャップを勝ったのは1番人気の⑦ドラゴンシュバリエ。おいおい、本当かよ。最悪の事態まで、これでただの一歩だ。

最後の新潟最終は、直線1000m戦だが、1頭指名である。それが単勝1・8倍の③グラミスキャッスル。競馬エイト本紙の本命で、鞍上デムーロは2013年以降の当舞台戦で〔5111〕という抜群の成績を残しており、隠れた千直のスペシャリストだという。外枠有利の千直で3番枠は不利にも思えるが、3走前にハナ差の2着したときは2番枠。この馬はあまり関係がないのだ。1・8倍のダントツ人気だし、勝っちゃうよなあ。もしもこの馬が1着なら、勝ち馬の人気は4番人気→3番人気→7番人気→1番人気→1番人気ということになる。配当はいくらだろう。残った票数は五百数十票だとグリーンチャンネルのMCの方が言う。売り上げが5億として、500票ならいまの段階で100万。ダントツ人気でも半分は減るだろうから、ということはデムーロが勝てば200万？　違うか、そういう計算じゃないのか。ああ、わからない。これが50万前後で止まればまだ諦められる。それくらいなら心の準備はもうできている。しかし100万を超えるなら頭を掻きむしるだろう。150万ということにでもなったら、卒倒する。千直戦だというのに、この日の新潟最終はゴールまでの時間が長かった。やめてくれやめてくれ、それだけはやめてくれ。馬券を買っていないレースなのに、あれほど強く祈ったのは初めてである。デムーロが1着でさえなければ、あとは何が勝ってもいい。いやあ、本当に長い千直戦だった。勝ったのは3番人気の⑥プリティマックス。配当は850万だった。やれやれ。

ようやく冷静に関屋記念を振り返ることができるが、このレースのパドックで気配が目立ったのは、12番人気の⑨クラリティスカイ。全然買う気のなかった馬だが、パドックを見た途端、すべての予定を中止して、馬券は全部この馬からいってしまった。今年の宝塚記念を思い出す。あのときもパドックでサトノクラウンが超ぴかぴかだった。キタサンブラックが3着を外すとは思えなかったので馬券は取れなかったが、単勝を買えばよかったとあとで反省したものである。もっとも2015年の秋の天皇賞（ラブリーデイが勝った年だ）のパドックでもサトノクラウンは超ぴかぴかで、どかんどかんと勝負すると、このときはなんとなんと17着！　私のパドック診断はアテにならない。今年の関屋記念で、クラリティスカイは何着だったと思いますか？　16頭立ての16着。つまり、ビリだ！

「これ見て見て」とトシキが新聞を見せてきた

2回小倉7日目の11R・TVQ杯、3歳上1000万下のダート1700m戦だが、先行した⑦タガノヴェローナ（4番人気）が直線で抜け出し、⑤タイマツリ（9番人気）が2番手に上がったところで、他の各馬がどっと差してきた。脚いろから言って、1～2着はもう確定だろうから、焦点は3着争いである。そこに外から差してきたのが④トーコーグリーン。3コーナーから一気にまくり、4コーナーでは先行馬群の後ろまでとりついてきたが、そこまでに脚を使ってしまうので、はいおしまいというケースは少なくない。ところがこの④、さらにまたぐんぐん伸びてきたのだ。本当か、まだ伸びるのか。お前が来たら太い。さあ、来い。「幸幸幸！」「差せ差せ差せ差せ」。なにしろ16頭立て14番人気の馬である。私の叫び声を聞いた人は「どこに幸がいるんだよ」と思ったことであろう。あわてて競馬新聞を見た人もいたかもしれない。こういう瞬間がいちばん楽しい。9番人気の⑤タイマツリはもう2着は確定だろうから、この④トーコーグリーンが3着に届いたら、ワイド④⑤が的中する。オッズは240倍だ。いやあ、楽しいぜ。「幸幸幸！」「差せ差せ差せ差せ」。ところが④トーコーグリーンは、1番人気の⑥ビスカリアにクビまで迫ったものの結局は4着。この2頭、実は返し馬の様子が素軽かったので狙ったのだが、馬券は外れたものの（⑤の複勝を買えば590円が当たっていたが）、こういうふうに返し馬診断の調子が上向きのときは先が楽しみ。翌日も小倉にいるから、いいことがあるかもしれない。

今週は、トシキにカオルにシマノに私と、東京から4人が小倉入り。博多からオサムにユーちゃん、小倉に里帰り中のミー子、さらにはミー子の義弟ケンまで参戦して、真夏の小倉競馬を楽しむことになった。土曜は小倉競馬場から歩いて数分のところにある今浪うどんへ肉そばを食べに行き（昨年だったかテレビで紹介されていたので一回食べたかったのだ）、生姜をばしばし入れて食したので汗が吹き出したが、小倉は他にも餃子、もつ鍋とおいしいものが多い。そうだ、駅前のシロヤベーカリーのバターパンも旨い。

土曜の予感は翌日、いきなり2Rで当たる。小倉2Rは3歳牝馬の未勝利戦（ダート1700m）だが、その返し馬で⑫センターシティ（11番人気）の気配が素軽かったのだ。ここ2走とも後方からの競馬をしていたのに終始先行しているので、おやっと思っていたが、4コーナーではなんと3番手。後続馬群もどっと迫ってきたが、「畑端畑端はたばたはたばた」と連呼すると、そこから追い出してぐいーんと伸びたから、おお，お前はエライ。

なんとなんと⑫センターシティは2着でフィニッシュ。その複勝は１４００円。このときは複勝だけしか買わなかったのだが、だったら最後まで複勝のみ購入するべきだった。ところが、小倉４Rの⑫ホウロクダマ（8番人気で1着。単勝１５９０円、複勝４１０円）と、小倉11R北九州記念の⑱ラインスピリット（15番人気で3着。その複勝１５６０円）を返し馬で選びながら、ワイドの軸にして相手が抜けるという相変わらずの馬券下手で返し馬診断が生かされないのである。

しかし今年の小倉で私以上に失敗したのがトシキだ。1着⑨ラブリイメッセージ（14番人気）、2着⑫エリーヒストリー（5番人気）で馬連３４５倍となった土曜新潟7Rを塗り間違いで外した（12番を塗ったつもりが13番を塗ってしまった）のはまだいい。いや、本人がそう言っているのである。いちばんのショックは日曜小倉の２Rだと言う。私が⑫センターシティの複勝をゲットしたレースだが、レースが終わると「これ見て見て」とトシキが新聞を見せるのである。このレースは、1着が⑩メイショウサチシオ（6番人気）、2着が⑫センターシティ（11番人気）、3着が⑭キュイラッサ（4番人気）で、馬連が３万２２９０円、3連複が11万３８３０円という結果だったが、その3頭のところになにやら数字やらAだのBだのと書かれている。書かれているのはその3頭とあと1頭だけ。トシキはさまざまなデータを繙《ひもと》いて馬券検討に役立てているのだが、その結果残った

2回小倉8日　2R　3歳未勝利

着順	予想	枠番	馬番	馬名	性齢	斤量	騎手	タイム	着差	通過順	上り	人気	単勝オッズ	体重	増減	厩舎
1	△	❺	⑩	メイショウサチシオ	牝3	53	岩崎翼	1.47.8		2 2 1	内38.1	⑥	10.2	490	0	棘石橋守
2		❻	⑫	センターシティ	牝3	54	畑端省	1.48.4	3½	5 3 3	中38.6	⑪	94.8	428	-6	棘牧浦充
3	○	❼	⑭	キュイラッサ	牝3	54	松若風	1.48.6	1¼	5 5 4	外38.4	④	8.6	448	0	棘森　秀
4		❽	⑯	ゴスペル	牝3	54	和田竜	1.48.7	½	9 7 6	外38.3	⑩	49.0	442	0	棘奥村豊
5	▲	❺	⑨	タムロセレッサ	牝3	54	幸　英	1.48.7	頭	⑤ 7 6	内38.3	②	4.8	494	0	棘西園正
6	◎	❼	⑬	シャブリ	牝3	54	Mデムー	1.49.0	1¾	4 1 2	中39.3	③	4.9	418	0	棘大久保龍
7	▲	❷	③	インハーフェイバー	牝3	54	武　豊	1.49.2	1¼	13 11 10	中38.3	①	4.0	510	-2	棘須貝尚
8	△	❹	⑦	エイトクレイン	牝3	54	鮫島良	1.49.3	¾	8 10 9	内38.6	⑧	13.2	434	0	棘飯田祐
9	△	❻	⑪	アイスグレー	牝3	53	鮫島駿	1.49.4	首	② 4 4	内39.3	⑦	11.9	478	-4	棘飯田雄
10		❸	⑤	ラモントルドール	牝3	53	荻野極	1.49.4	頭	9 12 11	外38.3	⑤	9.4	472	0	棘清水久
11		❹	⑧	ニホンピロカーラ	牝3	54	酒井学	1.49.7	2	9 9 8	中39.2	⑮	325.8	434	+6	棘服部利
12		❽	⑮	ブランウェン	牝3	54	松山弘	1.50.6	5	15 14 12	内39.2	⑬	148.3	418	-2	棘橋田満
13		❶	②	リリーハッピー	牝3	54	藤懸貴	1.51.8	7	16 16 15	外40.0	⑭	253.3	424	-2	棘平田修
14		❸	⑥	メイショウモーント	牝3	54	川須栄	1.51.9	½	13 14 12	中40.4	⑫	97.9	416	-12	棘笹田和
15		❶	①	オーミカンタービレ	牝3	54	川島信	1.55.4	大	9 12 14	内44.3	⑯	432.5	466	+22	棘谷　潔
16	△	❷	④	ジョーカルーア	牝3	53	加藤祥	1.58.0	大	1 5 16	中47.7	⑨	15.9	532	-2	棘松下武

単⑩1020円　複⑩420円　⑫1400円　⑭330円　　ブリンカー＝③④
馬連⑩—⑫32290円㊾　　枠連❺—❻2090円⑧
馬単⑩—⑫59510円㊾　　３連複⑩⑫⑭113830円178
３連単⑩⑫⑭410370円836
ワイド⑩—⑫9280円㊿　⑩—⑭1910円㉗　⑫—⑭11690円62

馬が4頭のときは馬連ボックスを各200円、3連複ボックスを各100円、つまり合計で1600円購入する（ちなみに、残った馬が5頭のときは、馬連、3連複ともに各100円というのがトシヤのマイルールだ）。だからその通りに買っていると、18万弱の配当をゲットしたことになる。たった1600円が18万とはすごい。それをやめてしまったのは、直前の1Rで穴馬券を買ったら、1着デムーロ、3着武豊で、その間の2着に人気薄が飛び込む結果だったからだ。実はこのパターンをトシキは得意としている。それを見たら心が折れてしまい、この2Rも人気馬に乗っていたデムーロ、武豊の2頭軸に土壇場で変更してしまったのだと言う。あるよなあそういうこと。トシキの説明に深く頷いたのである。

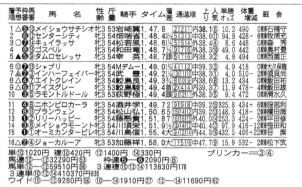

リハビリ馬券術の総括

ついこないだ、夏競馬限定のリハビリ馬券術を始めたと思ったら、早いもので、もう夏競馬も終了間近である。そこで、この間のリハビリ馬券術の総括をしておきたい。

私がこの夏にリハビリ馬券術を始めたのは、毎週のように大負けして、資金的に耐えられなくなったからである。とにかく毎週、全治1ヵ月なのだ。これはあまりに厳しすぎる。負け続けるのは毎年のことなのだが、いつもならどこかでWIN5が当たるとかなんとか、ほっと一息つく局面があり、それで救われてきた。ところが今年は一つもいいところがなく、ただただ金が減っていくのである。これではもうダメと、安田記念の週を最後に断念。そこからリハビリ馬券術を始めることにした。だから正確には夏競馬の開幕前に始めたことになるが、その馬券術の基本はワイド1点だ。狙うのは10倍前後、基本的には1番人気が怪しいレースである。例外はあるが、そういうレースで3着以内を外しそうにない馬を探すのである。できれば5番人気くらいが望ましい。あまりに人気薄の馬はだめ。

そういう馬が飛び込んでくれれば、それはもうおいしいが、そんなのを私が当てられるわけがない。５番人気くらいのワイドの軸馬が決まったら、相手は２～４番人気くらいで３着以内を外しそうにない馬を探す。そこでワイドのオッズが10倍前後なら当確。軸馬が３番人気で、相手が2番人気だと、ワイドのオッズが5倍前後になることが多いが、５倍以下は却下。この間、６・５倍で買ったら最終的に４・８倍になって当たったことがあったけど、これは美しくない。できれば購入時のオッズは7倍までにしたい。そのワイドを１点のみ３０００円購入するというのが、私のこの夏の馬券術であった。10倍を３０００円ということは、ヒットすれば３万になるわけで、意外においしい。

しかしこの馬券術を始めてみて実感したのだが、堅いレースなんてまったくない！　ワイド10倍前後、特にワイド7倍なんて、堅い決着の部類になるわけだが、検討している段階で、これなら大丈夫だろうと思うことは極めて少ない。全レースを検討して、ワイド１点との結論を出せるレースは、１日にせいぜい２～３レース。それを「厳選３鞍」と名付けたが、あとはいくら検討しても、ワイド1点には絞れない。前日検討の段階では２～３レースでも、当日パドックやらなにやらで購入してしまうレースがあるので、実際は10レースちょっと買ってしまうけれど、前日検討の段階では２～３レースしかないというのがこの場合のポイントだ。今年の安田記念まで、私は１日20レース（時にはそれ以上）の馬券を買ってきたのである。よくもそんなに買えたよなと思う。たぶん、ちょっとした思いつきをぐんぐん広めて、勝手に妄想を膨らませ（これをいくら買ったら配当はこれくらいになるか。ではいくら買ったらどうなる、とかなんとか）買っていたものと思われる。いまになってみれば、それは妄想と願望に支えられた馬券作戦であった、とわかる。この2頭で堅いよなと思えるレースは（それもまた錯覚なのだが、レース前にそう思えることは重要だ）、1日に2～3レースしかないのだ。

私のリハビリ馬券術は、ワイド1点が決まったら、軸馬を1列目に置き、ワイドの相手を2列目に置き、その2列目にあと2頭を選んで、3列目に5～6頭並べて20点前後の3連複を購入するのを基本とする。だから、「厳選3鞍」は、ワイド3000円、3連複2000円で、合計5000円の投資になる。「厳選3鞍」以外のレースでは3連複は購入せず、ワイドも1000円が基本。つまり自信はないけど、ちょっと買いたいというレースも買って、1日の総レースが10レースくらいになるということだ。これが基本なのだが、「厳選3鞍」でも3連複を購入しないレースが最近は多い。3連複を購入するということは、そのレースの全体像が見えているということで、そこまでの自信がないときは、2列目も3列目も選べないのである。そして最近は選べないことが多く、3連複を購入するのはせいぜい1日に1レースくらい。

というのが、この夏のリハビリ馬券術の報告だが、秋競馬が始まってもこの馬券作戦を続行するのかどうか、ただいま思案中。ある程度の成果を見せているのでこのまま続行でもいいんじゃないか、との気もしていたのだが、今週は久々に大負け。2回新潟10日目の6R、3歳上500万下の芝1800m戦だが、軸馬が⑱ジェードグリーン（このように1番人気を軸にすることもときどきある）、相手候補が③ジュンヴァリアスと、④ワンダープチュック。5番人気と4番人気。どちらもワイドは7倍で、前者を選んで失敗。後者を選ぶとヒット（最終的には580円になっていたが）。たいした配当ではないが、いまの私には当たるか外れるかは天国と地獄の違いで、終わってみたら大負けの日だった。秋競馬をどうやって迎えたらいいのか、途方に暮れるのである。

ありがとう、トシキ！

トシキはさまざまな競馬実用書、競馬雑誌、スポーツ新聞の競馬欄をチェックして、データを集めている。熱心な競馬ファンなら誰でも同じようなことをしているかもしれないが、トシキの特異なところは「小ネタ」を集めることだ。たとえば阪神１８００ｍはディープの連対率、複勝率が抜けている、というデータがあっても、みんなが注目するようなそういう大きな傾向はあまり気にしない。それよりは、津村はどこどこの競馬場の何メートルの複勝率がいいというデータがあったとすると、それを競馬新聞に書き込むのである。だから彼の新聞は、いろいろな記号が書き込まれているから、他人が覗き込んでも何のことやらわからない。私が絶不調のとき、彼が参考にしているネタ本を全部教えてもらったことがあるが、とても面倒な作業なのですぐに音を上げてしまった。調べるのは結構大変なのだ。トシキは前日に新聞に書き込んださまざまな印を見ながら馬券を買うのだが、複雑な記号はあまりにたくさん付いているのでその全部は買い切れない。そこから何を選択するかが、彼の場合、重要になる。２週前に小倉に行ったときの話だが、珍しくも印が４頭にしか付かないレースがあった。どこのレースか忘れてしまったが、そのレースが穴決着で終わると、見て見て、と新聞を差し出すので覗いてみると、印のついた４頭の中の３頭が１～３着を独占。すごいじゃん、と言うと、「買えばよかったなあ」。どうしてその印を無視して全然別の馬券を買ってしまったかというと、その直前のレースが堅い決着だったので、人気薄の馬を買う勇気がなかったという。ようするに、心が折れてしまったのである。どんな馬券術であっても貫かなければだめなんだよなあ、とそのときトシキが呟いたことがまだ印象に残っている。

なんで、こんな話を長々と振ったかというと、２回小倉12日目の８Ｒ。３歳上５００万下の芝１２００ｍ戦だが、ここに出走する⑦グランドポピーが面白いとその日の朝に言ったからだ。今週は、トシキと編集者アキラ、さらにトシキの教え子カド君を誘って札幌競馬場に出撃したのだが、寒い札幌だった。それはともかく、⑦を狙う理由もそのときに聞いたのだが、いつもの小ネタなのですぐに忘れてしまった。このトシキの狙いが印象に残ったのは、オッズが怪しかったからだ。ここが９ヵ月休養明けの一戦だが、休み前の４戦はすべてダート短距離で、11着10着11着８着という成績の馬だ。それで昼の段階の単勝オッズが13倍というのにも驚いたが、その段階の複勝が９倍。なんなのこれ。ついこないだの

2回小倉12日　8R　3歳上500万下

着順	予想	枠番	馬番	馬名	性齢	斤量	騎手	タイム	着差	通過順	上り	人気	単勝オッズ	体重増減	厩舎
1	△	❼	⑭	ウォーターラボ	牝5	55	北村友	1.08.3		2-4-4	中34.3	②	5.1	466+2	栗東安田隆
2		❹	⑦	グランドポピー	牝5	52	森裕	1.08.3	頭	1-1-1	内34.7	⑮	73.4	486+4	栗東岩元市
3	△	❸	⑥	フナウタ	牝3	53	松山弘	1.08.4	3/4	6-4-4	内34.4	④	8.2	466 0	栗東今野貞
4		❼	⑮	アリエスムーン	牝6	54	加藤祥	1.08.4	鼻	8-6-7	中34.2	⑰	126.6	444+2	栗東庄野靖
5		❺	⑨	ウインソワレ	牝5	55	和田竜	1.08.4	頭	2-3-3	中34.5	⑤	11.5	476+8	栗東宮本博
6	◎	❽	⑯	ウイングタイガー	牝5	55	岡田祥	1.08.5	1/2	14-17-16	外**33.7**	⑫	31.5	450-2	栗東服部利
7	△	❹	⑧	ペプチドリリー	牝3	50	富田暁	1.08.5	鼻	⑭-13-14	外33.9	⑥	15.0	436-4	栗東木原一
8		❻	⑫	ウメマツサクラ	牝4	55	松若風	1.08.6	1/2	2-2-2	中34.9	⑪	31.4	468-2	栗東森田直
9	▲	❷	④	ダブルスキップ	牝4	55	小牧太	1.08.7	1/2	⑭-13-14	中34.1	⑨	25.0	436+2	栗東飯田雄
10	△	❷	③	メイショウラバンド	牝6	55	武豊	1.08.7	鼻	⑨-10-7	中34.3	③	5.4	466+4	栗東石橋守
11	○	❸	⑤	ハトマークワルツ	牝3	53	幸英	1.08.8	1/2	⑰-15-11	中34.1	⑦	21.1	436+10	栗東奥村豊
12	△	❻	⑪	タイムレスメロディ	牝4	54	荻野極	1.08.8	頭	9-10-11	外34.4	⑧	22.5	432+2	栗東高野友
13		❶	②	クラリティーアイズ	牝4	54	鮫島駿	1.08.8	鼻	⑨-10-11	中34.4	⑭	44.7	474-8	栗東池添学
14		❺	⑩	モンスールデジール	牝3	53	田中健	1.08.9	首	5-6-4	中34.7	⑱	143.6	444-4	栗東福島信
15		❼	⑬	ステラルージュ	牝3	53	高倉稜	1.08.9	鼻	6-6-7	中34.7	①	3.5	410+14	栗東渡辺薫
16		❶	①	キョウエイレガシー	牝3	53	浜中俊	1.09.3	2 1/2	⑫-9-7	内35.0	⑬	42.5	404 0	栗東小崎憲
17		❽	⑰	ヴィクトリアマンボ	牝4	55	川田将	1.09.4	首	13-15-17	中34.7	⑩	27.3	446-6	栗東小崎憲
18		❽	⑱	アルティマヒート	牝4	55	藤懸貴	1.09.6	1 1/4	⑱-18-18	中34.1	⑯	86.6	474+12	栗東平田修

単⑭510円　複⑭190円　⑦1490円　⑥300円
馬連⑦―⑭24090円⑥⓪　枠連❹―❼1530円⑥
馬単⑭―⑦38560円108　３連複⑥⑦⑭56520円161
３連単⑭⑦⑥380340円968
ワイド⑦―⑭5520円㊱　⑥―⑭1090円⑧　⑥―⑦6690円㊎

札幌で、モレイラの乗った馬の単勝と複勝の差が全然なかったことがあるが、そのときはダントツ人気の馬が4着以下に沈んだからで、こういうことは珍しくない。しかしこの日の小倉8Rは、単勝13倍なのに複勝の下限が9倍なのである。これはヘンだ。夏のローカルではときおり異常投票があり、気がつくと買うことが少なくないが、あのオッズは何だったのよと思ったことは二度や三度ではない。ようするに、全然関係のない決着で終わることが多い。だからこの⑦も、結果に結びつかない可能性は大。そうはわかっているのだが、トシキの推奨する穴馬だし、ずっと気になってオッズの確認を続けていた。パドック中継の段階で単勝オッズは23倍になったが、複勝の下限は10倍。やっぱりヘンだ。

　この小倉8Rは、⑥フナウタ（4番人気）と、⑭ウォーターラボ（2番人気）のワイドを買うつもりでいた。

オッズは約10倍。しかしどうにも気になるので、そのワイドを買ったあと、3連複⑥⑦⑭と、⑦の複勝を追加。すると、スタートと同時にその⑦グランドポピーがポンと飛び出したから驚いた。ダート戦で先行したことはあるが、初逃げである。手元の競馬新聞の展開予想でも⑦は「差し」に分類されている。おいおい、逃げるのかよ。⑭は外の4番手、⑥は内の5番手。いい位置につけている。この段階では⑦が残るとは思っていなかったので、⑥⑭の2頭が直線で抜け出してくればいいとワイドのことしか考えていなかった。ところが⑦の逃げは快調で、4コーナーを回っても勢いは衰えないのだ。これはもしかするともしかするかも。⑭は外から伸びてくるが、⑥はインで苦しい競馬。ワイドはちょっと難しいかも。となると、⑦の複勝を買っているからこの馬が3着以内に残ればいい。資金だけは戻ってくる。もうそれで十分だ。そこに後続がどっと差してくる。ゴールに向かってひた走る⑦に⑭が襲いかかって、⑦をかわしたところがゴール。混戦の3着争いはインの⑥がぎりぎり残って、おお、では全部当たりだ。⑥⑭のワイドが1090円、⑦の複勝が1490円（最終的には15番人気で、単勝は73倍だった）、3連複が565倍。そんなにつくならもっと買えばよかった。「ありがとう！」とトシキと固い握手を交わしたのであった。

ワイド＋3連複は是か非か

秋競馬の馬券作戦が決定したので、ご報告したい。結論から先に申し上げると、それはワイド1点の「厳選3鞍」だ。えっ、なに、それ？ 夏競馬限定のリハビリ馬券術じゃなかったの？と言われそうだが、夏競馬で試験的に実施したリハビリ馬券術をそのまま秋以降も続行することに決めたのである。それには理由がある。

夏競馬の最終日、小倉8Rを振り返っての結論だ。あの小倉8Rは、トシキが教えてくれた穴馬（15番人気で2着！）が激走してくれたおかげで、565倍の3連複を仕留めることができたのだが、私が嬉しかったのは、1着3着が私のワイド1点の2頭であったことだ。このレースの本命は、4番人気の⑥フナウタで、ワイドの相手に選んだのが迷った末に2番人気の⑭ウォーターラボ。2番人気と4番人気なのに、そのワイドは10倍（正確には1090円）。私のストライクゾーンである。そう決めていたところに、トシキから穴馬情報を聞いたので、その馬の複勝（1490円）と、3連複⑥⑦⑭（565倍）を追加したわけだ。つまり最初にあったのは、ワイド⑥⑭であり、３連複はおまけ。その565倍の３連複が当たったことは超がつくほど嬉しいが、しかしこの３連複には再現性がない。トシキが毎週超穴馬を教えてくれるわけではないし、またいつも激走するものではない。今回はたまたまだ。

それに対して、ワイド10倍前後を狙う作戦はかなりの確率で再現性が高い。それを的確に1点で仕留めることはやはり難しいけれど、15番人気の穴馬の激走を待つよりは再現性が高いだろう。ならば、そちらを中心にするべきだ——というわけで、夏競馬で実施した「厳選３鞍」＋「ワイド1点」という馬券作戦を、秋競馬以降も実施することにしたのである。重要なのは、これは守りの姿勢ではないということ。たとえば、弱気になると1番人気を軸にしたくなるし、相手も３番人気くらいを選びたくなる。つまりワイドが３～5倍のところである。金額を大きくして堅そう（に見えるだけだが）なところに入れたくなる。だが、それをやってはだめ。この馬はここに不安があるんだよなあ、というくらいの馬がいい。そういう不安があるから、４～5番人気に甘んじているのだ。だからワイドが10倍くらいつくのだ。つまり、ワイド10倍（ということは、馬連が30倍くらいということだ）を狙うということは、どこかで強気になって攻めるということである。その攻めの姿勢を持ちつづけることが重要だ。夏の間は「これ以上資金を減らしたくない」という超弱気な姿勢だったが、秋以降は「強気に攻める気持ち」を中心にしたい。同じ馬券術ではあっても、このように中身が異なるのがキモ。さあ、いくぞ。

というわけで迎えた秋競馬の第1週は、日曜阪神9R新涼特別（3歳上1000万下のダート1400m戦）でヒット。私の本命は、大外の⑭ベルエスメラルダ（7番人気）。カジノドライヴ産駒のダート替わりで、逃げイチなら面白い。ワイドの相手は⑥ディープスプラネット（1番人気）。ほぼ差のない2番人気の⑤スマートレイチェル（鞍上はデムーロ）を自信の切りだから、相手が1番人気でもオッズ的にはおいしい。ワイド⑥⑭を3000円、⑭を1列目に置いたいつもの3連複を2100円。するとスタートと同時に⑭がポンと飛び出す。すぐに⑤が並びかけてくると、⑭は無理せずに2番手。そのまま折り合って4コーナーへ向かうと、いつの間にかその外に⑥。直線を向くと、内から順に、⑤⑭⑥が並んで叩き合い。あっと言う間に⑤がタレて、⑥⑭の2頭が後続を離していく。馬連⑥⑭（約32倍）を持っている人ならここで「そのまま」と叫ぶところだ。そこに後ろから⑩ストリクス（4番人気）と、⑫マイネルラック（5番人気）がぐいーんと伸びてくる。特に⑩の脚が際立っていて、⑭をかわして2着でフィニッシュ。⑭は3着を死守したのでワイド（1370円）がヒット。馬連にしていたら外れだった。ワイドの効用である。3連複は9120円という配当だったので（これも当たったけれど）、購入資金2100円でこれを取りにいくならその資金をまるごとワイド⑥⑭に追加で入れていれば、その分の配当が２万７０００円増えていたことになる。３連複など買わずに、全額ワイドのほうがよかったということだ。

しかしこの日の中山7R、３番人気の⑥ブラヴォバンビーノと、２番人気の③エビスリアンのワイド（9～9・8倍）は外れたものの、⑥を1列目にした3連複（７７００円）がヒットして丸損を免れたというケースもあるから、どちらがいいのかは難しい。それは今後の課題にしたい。ワイド1点５０００円はこわいから、なるべくそうしたくない。こわいのは、だったら1万のほうがいいんじゃないかとどんどんエスカレートしていくような不吉な予感がするからだ。それだけは本当にだめ、と強く言い聞かせるのである。

10万円1点勝負をするぞ

ワイド1点、というのはホント、難しい。たとえば4回中山5日目の「厳選3鞍」は、中山6R、8R、9R、10Rの4つであった。厳選3鞍、と言いながら4鞍になってしまったが、10Rは最初、自信度△であったが、おまけに追加したのである。そのおまけを除く本当の「厳選3鞍」の、私が本命に選んだ馬の人気と結果を先に書いておくと、中山6Rは⑨ノーブルクラウン（3番人気で7着）、8Rは③テンキセキ（2番人気で4着）、9Rは③ワンダーアツレッタ（7番人気で4着）と、3頭ともに3着以内を外してしまった。ワイド1点なのに、どうして本命と対抗がいるのかと言われそうだが、本命のほうは3連複のほうの1列目に置くので、ワイドの相手（つまり対抗）とは意味が違うのである。本命が3着以内に来さえすれば、ワイドが外れても3連複が当たる可能性がある。したがって、その重要度は全然異なる。ところがその本命が3頭とも3着以内に入らないのだから、これではダメだ。しかも3頭のうち2頭が4着。この日のメイン、セントライト記念（これは「厳選3鞍」ではないので普通の馬券を買ってしまった）の本命である⑮スティッフェリオ（6番人気）までもが4着なのだ。これは疲れる。7月の中京で「いつも4着」というTシャツを着ていた青年の話は以前当欄で書いたが、あのあとネットを調べたら売っていたので購入。今年の小倉にはその「いつも4着」のTシャツを着ていったが、その後は着ていない。セントライト記念の日の中山へも着ていかなかった。一人ではやはり気後れする。もしも競馬友達と一緒で、あの「いつも4着」Tシャツを着ていたら、「見て見て」と胸のコピー（そこに、いつも4着、と書かれている）を見せたことだろう。仲間なら絶対に笑ってくれるだろう。私、ウケるのが好きだ。

ところで話は突然変わるけれど、年内の目標を決めたのでご報告したい。実は私、毎年1月から500円玉貯金をするのが習慣になっている。お釣りとして手元に来た500円玉は絶対に使わず、帰宅後に貯金箱に入れるのである。守るべきは、貯金のために千円札を500円玉に交換するのはダメ、というルールだけ。あくまでも釣りをためるとの発想である。暮れ近くになると、その500円玉貯金が毎年だいたい10万円くらいたまる。いつもの年は、その分をマイナスの補填に回すのだが、今年はその500円玉貯金をワイド勝負の資金にするのはどうか、そうひらめいたのだ。10倍のワイドに10万。ヒットすれば100万である。それで今年のマイナスを全額取り戻すわけではないが、ヒットすれば年末のボーナスにはなる。ただし、ワイド10万円勝負は一度だけ。外れたら、銀行の貯金をおろしてもう一度勝負する、というのはダメ。そんなことをしたらキリがない。たった一度の、ワイド1点10万勝負である。いやあ、どきどきしてくるなあ。早い段階に実施してコケると、あとがつらいので、できれば年末ぎりぎりくらいにしたい。有馬記念の週で有馬以外のレースがいい。

というわけで、「厳選3鞍」がすべて外れ、今日はだめだなあと迎えた中山10R浦安特別。3歳上1000万下のダート1200m戦だが、私の本命は⑭リンガスウーノ（4番人気）。相手は迷った末に、⑩サザンボルケーノ（5番人気）。迷ったのは、1番人気の⑤ヨンカーと、2番人気の②ペイシャバラード、3番人気の④ビービーサレンダーの3頭のうち、2頭が消えないと私の2頭は3着以内に入れないのだが、1頭は消えるだろう、しかし2頭も消えるだろうか、と自信がなかったのである。この段階で消える1頭は、ルメール騎乗の1番人気⑤ヨンカーだと思っていた。だから検討の段階では「買うレース」に組み入れたのだが、最後の最後に「3頭のうち2頭が消える」自信がなくなり、「厳選3鞍」から落選してしまったのである。しかしそこまでの3鞍が全敗していたので、黙ってレースを見ているわけにもいかず、おまけのレースに手を出すことにしたわけだ。⑭の相手に⑩を選んだのは、同じサウスヴィグラス産駒だったからである。馬券作戦はシンプルなほうがいい。「厳選３鞍」にいいところがなかったので、ここは３連複をやめ、ワイドだけの購入。

すると、スタートと同時にポンと飛び出したのが、１番人気の⑤。そのすぐ直後に７番人気の⑥タイセイラナキラ。その後ろに②と⑩。５番手に私の本命⑭。祈るように見ていると、直線を向くと⑤が他馬を引き離していく。そこにくらいついたのが、３番手にいた⑩で、⑥をかわして２番手に上がり、さらにぐんぐん伸びていく。１～２着はもうこの２頭で堅そうだ。あとは３着争いである。うしろのほうでは、⑭が４番手であがいている。３番手に上がるまでが長かった。しかもそこに後続がどっと迫ってきた。大丈夫か大丈夫か。そのままそのままそのまま！　長い長い数秒間がそこから始まった。

「勝率ベスト3」を信じろ

前回は思わせぶりな終わり方をしてしまったと反省している。私が前回の当欄で書いたのは、4回中山5日目の10R浦安特別のゴール前で、⑤ヨンカー（1番人気）と、⑩サザンボルケーノ（5番人気）が抜け出し、あとは⑭リンガスウーノ（4番人気）が3番手に上がればワイドが的中という最後の局面である。私が買っていたワイドは⑩⑭であった。だから⑭が3着にならないと馬券はヒットしない。ところが、その⑭がなかなか前の馬をかわせず、ようやく3番手に上がったと思ったら、今度は後続馬がどっと差してきたのである。おいおい、大丈夫か。⑭は結局、3着でフィニッシュしたのだが、それまでの時間がそれはもう極端に長く感じたのである。あとでリプレイを見ると、それはあっと言う間の出来事で、全然長くない。それが客観的な真実だ。しかし、それはあとから思うことであり、そのときはもういい加減にしてくれというくらい長く長く感じたのだ。だからつい、ああいう書き方になってしまったのだが、あとから読み返すと、そういうつもりはなかったのだが、結果として思わせぶりだったなと思う。ワイド⑩⑭は１３２０円。私はこのワイドを３０００円持っていたので、配当が４万弱。もっと大金勝負をしている人たちからすれば、屁のような配当だろうが、今の私には十分な金額だ。ワイドでも結構、破壊力があるというのが実感である。

この「厳選３鞍」作戦、最近は３連複のほうが当たらなくなっているので、ワイド１点だけでいいんじゃないか、という気がしているが、結論はもうしばらく待ちたい。というわけで今週は、オールカマーの日に編集者アキラと中山競馬場に出撃。久々にＡ指定に入ったが、キングシートに慣れていたので、いやあ、狭いの何の。「ここ、ずっと座っていると足が痛くなりますよね」とはアキラの感想である。ようするに足の長い人は、足をずっと伸ばせないので特に窮屈に感じるようだ。机の上も狭いから、いろいろと鞄から取り出して置いておくと、どこかへ行っちゃって探すのが大変だ。

ところでこのアキラ、馬券の買い方は変幻自在。たとえばこの日の中山３Ｒ、３歳未勝利のダート１８００ｍ戦だが、アキラの誕生日馬券である馬連②⑧がヒット。いや、誕生日馬券は結果であり、だからこの目を買ったわけではない。２番人気の⑧シャープシューター（鞍上は戸崎）から、４８０キロ以上の馬７頭に馬連とワイドを流したのだ。中山の中距離ダート戦は体のでかい馬のほうが有利だろうという馬券作戦である。すると、１着が5番人気の①デザートスネークで、軸馬は2着。馬連3530円とワイド1100円がヒット。いつもこのように馬連とワイド流しかというとそうではなく、この日の中山7Rでは④ファド（3番人気）と、⑯ショウナンアエラ（1番人気）を2頭軸にして、3連複の4頭流しにしたら、④が1着、⑯が3着。間の2着に②プレイヤード（6番人気）が飛び込んできて、3連複の配当が3520円。これは④⑯の2頭が人気なので馬連もワイドも低配当すぎて買えなかったので2頭軸の3連複にしたという。このように変幻自在なのだ。午前中とか早い段階に1万円以上勝ったときは、メインとか最終でワイド総流しをするのもアキラの馬券作戦で、今年はこの作戦で、中山記念、NHKマイルC、安田記念とヒット。なかなかにうまい。

そのアキラがこの日の中山最終レースで、大きなヒントを教えてくれたのである。⑯スズカグラーテ（1番人気）を軸にすると早い段階で決めていたのだが、相手が全然決められない。ようするに軸が1番人気であるから、どこへいっても低配当なのである。これは、と思う馬とのワイドオッズを見ると、だいたい5～6倍。これではだめだ。とはいえ、オッズを見てから軸馬を変更するのは禁じているから変更は不可。そのときにアキラが、「1番と8番が面白いですよ」と言ってサンケイスポーツの紙面を私に見せたのである。いや、おれも今日のサンスポなら持っているけど。「ここを見てください」と言って、アキラが指さしたのは、「勝率ベスト3」という表。これは、当該レースに出走する騎手、厩舎、種牡馬を対象にしたもので、データは過去3年、それぞれ出走20回以上が条件のようだ。私、毎週サンスポを買っているが、そんな表が馬柱の横にあるなんて知りませんでした。で、その3つ、すなわち、騎手、厩舎、種牡馬の項目すべてをクリアしたのが、①タイガーヴォーグ（8番人気）と、⑧バトルサンバ（3番人気）の2頭だという。それをどうして信じなかったんだろうか。レースは、番手先行の⑯が直線を向いて先頭に立ち、ほぼ勝利を手中にしたところに外から一気に⑭エニグマ（2番人気）が差し切るという展開だったが、3着に入ったのが、「勝率ベスト3」の条件を満たしていた2頭のうちの①タイガーヴォーグ。本当か。ワイド①⑯が1160円。おお、信じればよかった！

シゲ坊の本命がきた！

4回中山9日目の10R勝浦特別。3歳上1000万下の芝1200mハンデ戦だが、私の本命である⑪ベルディーヴァ（7番人気）はポンと飛び出して番手先行のまま4コーナーを回り、直線を向くと先頭に躍り出る。本当か。本当にお前が勝っちゃうのか。いや、私はワイドだから勝たなくてもいいのだが、その脚いろは軽快で、このまま勝っちゃうような勢いである。たとえこのあと何かに差されても3着以内は絶対に確定だ。いいなあ、このままだ。7番人気の馬が馬群から抜け出し、他馬を引き離していくのだから、胸キュンの状況と言っていい。

人気馬と人気薄の組み合わせを買うときは、いつも人気薄のほうに双眼鏡を向ける。人気と結果は関係がないのだが、やっぱりどこか不安だから、大丈夫だろうかと注目するのである。4コーナーで後方にいたり、直線を向いても馬群の中でもがいていたりすると、無理狙いだったかなあと反省したりする。しかし今回はもう大丈夫だ。ここまでくれば、

⑪ベルディーヴァが４着以下に落ちることはあり得ない。そこでほっと安心して後ろの馬群を見ると、おいおい、どこにいるんだ、戸崎？　１番人気の⑭サレンティーナは馬群の中でもがいているのだ。そんな、嘘だろ。７番人気の馬がせっかくワイド圏内に来ているのに、お前が来ないのでは話にならない。あれでは絶対にもう届かないだろう。１番人気馬が相手でも、このワイド⑪⑭は10倍。結構おいしかったのだ。呆然と見ていると、内からするすると伸びてきたのが②クラウンアイリス（８番人気）。鋭い脚で馬群から抜け出し、先の⑪ベルディーヴァまでかわして１着でフィニッシュしてしまった。３着に入ったのは２番人気の④コロラトゥーレ。ふーんと手元の新聞に、その着順を書き込もうとして手が止まった。２番？　えっ、２番なの？　本当？　そんなバカな！

この日はシゲ坊と中山競馬場に出撃したのだが、この日の勝負は中山10Ｒの勝浦特別だと朝から言っていたのだ。ところが②クラウンアイリスをなぜ本命にしたのか、その推奨理由を熱をこめて話してくれれば私も乗ったのに、なんだか口ごもったような口調なのである。そこで手元の新聞を見ると「小柄な馬で平坦向き。最後の急坂が鍵」という調教師のコメントが載っている。６歳の関東馬なのに中山は初コースの馬なのである。新聞に載っている近５走もすべて平坦コースだ。これでは買う気になれない。それでこの馬を見限ってしまった。あのアッゼニ連呼を思い出す。昨年の秋のことだ。

4回中山9日 10R 勝浦特別

着順	予想	枠番	馬番	馬名	性齢	斤量	騎手	タイム	着差	通過順	上り	人気	単勝オッズ	体重	増減	厩舎
1	△	❶	②	クラウンアイリス	牝6	53	内田博	1.07.8		9-8-8	内33.9	⑧	15.0	408	0	北天間昭
2		❻	⑪	ベルディーヴァ	牝5	52	柴田善	1.07.8	首	2-2-2	中34.4	⑦	13.9	466	0	陳斉藤崇
3	△	❷	④	コロラトゥーレ	牝3	52	岩田康	1.08.0	1	6-5-5	中34.3	②	4.9	448+	8	陳梅田智
4		❻	⑫	フクノグローリア	牝5	51	二本柳壮	1.08.0	首	9-11-11	外33.8	⑯	240.6	472+	6	北杉浦宏
5	△	❹	⑦	ユメノマイホーム	牝5	52	杉原誠	1.08.1	首	13-11-12	内33.9	⑬	61.1	460+	12	南伊藤伸
6	△	❽	⑯	ヤマニンマンドール	牡5	55	福永祐	1.08.2	3/4	15-15-16	外**33.7**	⑨	20.6	454−	6	陳浅見秀
7		❸	⑤	クリノスイートピー	牝5	51	伴　啓	1.08.3	3/4	8-8-8	中34.4	⑩	37.2	446−	4	南星野忍
8	▲	❼	⑭	サレンティーナ	牡3	55	戸崎圭	1.08.4	3/4	11-10-8	中34.4	①	3.0	474+	2	南萩原清
9		❽	⑮	ワイナルダム	牡3	54	宮崎北	1.08.5	3/4	4-3-2	外35.0	⑤	10.4	458	0	北水野貴
10		❸	⑥	クラウンルシフェル	牡6	54	大野拓	1.08.6	1/2	1-1-1	内35.2	⑫	41.0	496+	4	北天間昭
11		❺	⑩	ヴァッフシュテルケ	牡6	54	幸　英	1.08.6	頭	13-14-16	外34.3	⑭	70.1	462−	12	陳岩元市
12		❷	③	ダノンハイパワー	牡3	54	横山典	1.08.7	首	16-16-16	内33.9	④	10.0	490+	8	南菊沢徳
13	○	❺	⑨	ネオフレグランス	牝3	52	吉田隼	1.08.8	3/4	2-3-2	中35.3	⑥	11.0	412−	14	南中舘英
14	◎	❼	⑬	ミエノドリーマー	牡4	54	三浦皇	1.08.8	首	6-5-5	中35.1	③	7.4	470	0	北国枝栄
15		❶	①	ボーダレス	牝4	53	勝浦正	1.08.9	1/2	5-5-5	内35.3	⑪	38.2	486+	6	北伊藤圭
16		❹	⑧	イアペトス	牡5	54	松岡正	1.09.0	1/2	11-11-12	中34.9	⑮	138.7	486+	6	南武市康

単②1500円　複②430円　⑪440円　④210円　ブリンカー＝⑥
馬連②―⑪10730円㊲　枠連❶―❻7890円㉑
馬単②―⑪22640円⑯　３連複②④⑪13820円㊹
３連単②⑪④125580円407
ワイド②―⑪3070円㊱　②―④1230円⑬　④―⑪1250円⑭

そのときはシゲ坊と東京競馬場に出撃したのだが、この日の勝負は京都の最終レースだと朝から言ってい て、「それまでは我慢していてくださいね」と何度も念を押されていた。シゲ坊は私の性格を知っているので、途中でカーッとなってがんがん飛ばしちゃうと、せっかくの勝負レースを取ってもプラスにならなかったりする。それを彼は心配したのだろう。そのときシゲ坊が推奨したのは、ビットレートという馬でその日は9番人気。鞍上がアッゼニだった。4番人気のニシノフラッシュが先に抜け出し、そこにアッゼニ騎乗のビットレートがじりじりじりじり差してきたので、シゲ坊と声を合わせて「アッゼニアッゼニ」「差せ差せ差せ差せ差せ」とターフビジョンに向かって叫んだことはまだ記憶に新しい。楽しかったなあ。110倍の馬連と350倍の3連複を仕留めることなんてめったにない。今回もあのときくらい、クラウンアイリス推奨の弁をふるってくれれば、私も買っていただろう。あとで聞くと、クラウンアイリスは２走前、４番人気で５着と負けたものの、前有利な流れであったので上がり１位の脚でも届かなかったのは仕方がない。３番人気で７着と負けた前走は、果敢に先行するも直線で挟まれる不利があり、これも敗因は明らか。その２走のためにハンデが軽くなったこと、鞍上が手の合いそうな内田になったこと、この日の馬場が内有利であることなどから、勝負馬にしたとのこと。おいおい、レースの前にそれを言ってくれよ。すごく説得力のある弁だ。これを聞いていたら、私も絶対に乗っていた。

シゲ坊は、１万７３０円の馬連、２万２６４０円の馬単、１万３８２０円の３連複をゲット。私と競馬場に行くと、なんだかシゲ坊は毎回勝っているような気がする。ＡＪＣＣの日に80万の３連複を仕留めたこともあるし（あれはすごかったなあ）。そう言うと「いえ、今年の春に一緒に行ったときは負けました」。そうだったっけ？

ちなみに、勝浦特別のワイド②⑪は３０７０円だった。３０００円買っていれば配当総額は９万円である。買えよ。先週も半月分の負けだったが、今週も半月で、ということは２週で全治１ヵ月。最悪の状況で秋の東京開幕を迎えることとなった。府中開催は毎回大負けするので、今年の秋は試金石と言っていい。頑張れオレ。

誕生日馬券が最後に炸裂

10月9日の朝、目覚ましが遠くで鳴っているなあとは思うものの、なかなか起きられず、ええと、今日は何をするんだっけ?と仕事のことをぼんやりと考えていた。しかし、どうして目覚ましが鳴るんだ? いつもはかけないのに。そこでようやく気がついた。今日も競馬だ! 秋の府中の開幕週は3日間競馬で、博多からオサムがやってきたので、土曜は2人で府中へ。毎日王冠の日曜はたそがれのトシキとカオルと4人競馬。で、土日の戦いが終わり、祝日の月曜はまたオサムが府中で待っているのである。さすがに3日目は疲れ気味で、昼に来た編集者アキラのメールを開くまで、自分の誕生日であることを忘れてた。「お誕生日おめでとうございます。これから出張なので今日は京都大賞典の⑨⑩だけ買います」。

あわてて新聞を見ると、⑨アクションスターは15番人気の馬で、⑩ラストインパクトは10番人気。とんでもない馬券である。だからすぐに「⑨⑩を狙う根拠はなに?」と返信した。

すると「お誕生日馬券です。東京と京都のメインの⑨⑩をワイドで500円ずつ。これから出張なので馬柱も見ていません」。そういうことか。それにしても、他人の誕生日馬券をよく買うよな。しかし、これがこの日の布石だった。東京のメイン、グリーンチャンネルカップの結果は⑬→⑨→④で、京都大賞典は④→⑧→③と、アキラの馬券はまったくの外れ。本来ならこの話はここで終わるはずであった。ところが東西のメインが終わると、アキラからまたメールが来た。「東京と京都の最終も、⑨⑩を買います！」。ふーんと思って新聞を見た。すると、京都最終レース（3歳上500万下のダート1400m戦）の⑨⑩が面白そうだ。逃げ馬のいないレースで、8番人気の⑨マラードザレコードがどうやら単騎逃げなのである。⑩スマートダンディーは武豊騎乗の2番人気で先行脚質だから、⑨⑩は満更ない目ではない。急いでオッズを調べるとワイドで12倍。その京都最終は、アキラからメールが来るまでケンの予定だったレースだが、残っていた5000円を全部そこに突っ込んだ。

実はそこまでボロ負けであった。土曜はいつものようにおとなしくしていたのに（収支もほぼチャラ）、日曜はどこで間違えてしまったのか、ぶんぶん飛ばして全治1ヵ月の傷。夏以降、大人になったなあと思っていたのに、いまだに全然子どもなのである。性格は変わっていないのである。で、月曜の朝、競馬場に到着してから強く自分に言い聞かせた。取り

4回京都3日　12R　3歳上500万下

着順	予想	枠番	馬番	馬名	性齢	斤量	騎手	タイム	着差	通過順	上り	人気	単勝オッズ	体重増減	厩舎
1	△	❻	⑪	ダンツゴウユウ	牡3	55	酒井学	1.24.5		[10][9][9]中	36.4	⑨	24.3	466－2	騍谷　潔
2	▲	❻	⑩	スマートダンディー	牡3	55	武　豊	1.24.5	首	[4][4][4]中	36.8	②	3.5	502－6	騍石橋守
3		❺	⑨	マラードザレコード	牡3	55	和田竜	1.24.8	2	[2][2][2]中	37.4	⑧	24.0	466　0	騍鈴木孝
4		❹	⑥	ハクサンベル	牡3	55	藤岡康	1.24.8	鼻	[3][3][2]中	37.3	⑤	14.6	454　0	騍西園正
5	△	❹	⑦	エスプリゾーン	牡3	52	森　裕	1.24.8	鼻	⑪[12][12]外	36.5	⑦	20.5	444　0	騍大橋勇
6	△	❽	⑭	ヒップホップスワン	牝3	53	松若風	1.24.9	首	[8][7][7]外	37.0	⑥	19.2	498＋4	騍石坂正
7	▲	❷	③	レッドヴェルサス	牡4	57	ルメール	1.25.2	1¾	[8][4][4]中	37.6	①	3.2	516－4	騍須貝尚
8	◎	❽	⑮	メイショウオルソ	牡4	57	太宰啓	1.25.2	鼻	[11][9][9]外	37.0	③	4.9	500　0	騍松永昌
9		❼	⑬	ワンダープラヤアン	牡3	55	幸　英	1.25.4	1¼	[11][15][14]中	37.0	⑪	71.0	480　0	騍森田直
10	○	❺	⑧	ボナパルト	牡3	55	小牧太	1.25.4	首	[6][7][7]中	37.6	④	7.1	504＋6	騍庄野靖
11		❸	④	メイショウオオヅツ	牡3	54	岩崎翼	1.25.5	首	[1][1][1]内	38.3	⑫	85.3	526＋4	騍河内洋
12		❶	①	シュンノカミ	牡3	52	富田暁	1.25.6	¾	⑮[15][12]内	37.3	⑬	94.8	504＋10	騍松元茂
13		❷	②	ラニカイシチー	牡3	55	高倉稜	1.26.0	2½	[11][9][9]内	38.1	⑭	210.3	470＋5	騍村山明
14		❼	⑫	メイショウチロル	牝3	53	川須栄	1.26.5	3	[6][12][15]中	38.2	⑮	228.4	402－4	騍鮫島一
15		❸	⑤	トウケイフクキタル	牡4	56	加藤祥	1.26.7	1¼	④[4][4]内	39.1	⑩	50.0	482＋2	騍湯窪幸

単⑪2430円　複⑪430円　⑩160円　⑨570円　　ブリンカー＝③
馬連⑩—⑪3240円⑩　　枠連❻—❻3570円⑪
馬単⑪—⑩8840円㉙　３連複⑨⑩⑪14910円㊿
３連単⑪⑩⑨116660円344
ワイド⑩—⑪1070円⑨　⑨—⑪4770円㊹　⑨—⑩1270円⑫

戻そうとすると負けは倍に膨れ上がるから絶対にそういうことは考えないように！　しかし当たらないときはどうすることもできず、最終レースを迎えたときには半月分超の負け。強く言い聞かせたおかげで半月分なのだ。手綱を引き絞らなければ全治1ヵ月は軽く超えていただろう。で、京都最終レースを迎えたのだが、この時点では当たるわけがないと思っていた。でも反省するのは来週からにしようと、２０００円出てきたので、馬連⑨⑩も購入。馬連⑨⑩のオッズは45倍（最終的には32倍まで下がっていたが）。

逃げ馬なので出遅れたら話にならないが、スタートと同時に⑨マラードザレコードはぽんと飛び出した。よし先頭だ。ところが内から④メイショウオオヅツ（12番人気）がするすると上がってきて、この馬がハナを取る。おいおい、翼。オレの邪魔をするなよ。しかし⑨マラードザレコードは競らずに2番手をキープ。３番手が⑥ハクサンベル（5番人気）。⑩スマートダンディーは外の５～６番手だ。直線に向くと⑨が④をかわして先頭をうかがうところに、外から⑩が差してくる。その脚いろから⑩が先頭に立つのは間違いない。ということは⑨が2番手のままゴールすれば馬連とワイドがダブルで的中する。この瞬間、おお、馬連をもう１０００円買っておくんだったと、ちらっと後悔。⑩が先頭、⑨が2番手という態勢になったとき、モニターに向かって叫んだ。「そのままそのままそのまま！」。こういうときは2番人気の⑩を声援していると思われるのはシャクなので、８番人気の鞍上の名前を叫ぶ。「和田和田和田和田和田！」。このまま決まれば、ワイド12倍が５０００円当たって6万、馬連45倍（この時点ではそう思っていた）が２０００円当たって9万。合わせて15万。それでいいそれでいい。「そのままそのまま！」。そこに外からすごい脚で差してきたのが⑪ダンツゴウユウ（9番人気）。何だこの馬は！　あっと言う間に私の⑨⑩をかわして1着。問題は3着争いで、一度はかわしたはずの⑥がしぶとい馬で、ゴール前で激しく詰め寄られ、私にはかわされたように見えた。15万が一瞬で泡のように消えてしまった――と思ったら、ハナ差で⑨が3着。おかげでこの日はチャラで終了。日曜の全治1ヵ月がまるまる残っているというのに、なんだか勝ったような気分。最後に当たるとホントに気持ちがいい！

タブレットを忘れた日

競馬場に到着してからタブレットを忘れたことに気がついた。あわてて自宅に電話するとリビングのテーブルの上にあるという。この日は現金もあまり所持していないし、カードも持ってきていない。しかし、スマホがあるからなんとかなるだろう。と思ったのだが、慣れないと大変なんですね。たとえばＪＲＡ－ＶＡＮで３連複のフォーメーションを買おうとして21点のオッズを表示させたとする。そこから１００倍以下の買い目をカットして残りの目を買いたいのだが、どうやってもそれができない。全部選択するのはできるのだが、一部選択はどうやったらできるの？　そういえば、タブレットのほうも（こちらはＡ－ＰＡＴというのか）、将来的に買い方のシステムが変わるらしく、まだ旧システムでも購入できるのだが、いまのうちに慣れておいたほうがいいよなとやってみたら、これもすごくやりにくい。慣れれば何ということはないのだろうが、いつになったら慣れるんでしょうか。

実は、ワイドとか馬連とかはどちらも（つまりJRA－VANもA－PATの新システムも）簡単に買うことができる。フォーメーションが問題なのである。お前はワイドが中心なら関係ないだろと言われるかもしれない。ところが今週は3連単フォーメーションを買うつもりであった。というのは、オサムがときどき、3連単を買っているのだ。だいたいGⅠのときが多いのだが、穴馬を2着と3着に置く3連単フォーメーションで、NHKマイルCや安田記念などをゲット。いつもは馬連や3連複などでおとなしくしているのだが、ほんのときたま、3連単フォーメーションを出動させている。それを見ていて、おれもやりたい、と思ったのである。馬券作戦は永遠に不動でなくてもいい。普段の馬券作戦と、ここぞというときの馬券作戦は変えてもいいのだ。そこで今週は秋華賞で、3連単フォーメーションを買うつもりであった。ところがタブレットを自宅に忘れてきたので、仕方なく現金で買うことにした。1着バージョン30点と、2着バージョン30点。まあ、本命がどこにも来なかったから、PATだろうと現金購入だろうと関係ないんだけど。

今週は、たそがれのトシキに、彼の教室の教え子たちと東京競馬場に出撃したが、「尻尾作戦」（返し馬のときに尻尾が上下に揺れない馬を狙うという画期的な馬券作戦）を編み出したカド君は、入場ポイントがたまり、それで1等の4000円のグルメチケットが当たったという。そういえば、入場ポイントの機械の前で並んでいる客を、競馬場に来るたびに朝よく見るが、そういう賞品なんですか。15年ほど前だったたか、同じような入場ポイントのキャンペーンがあり、私もせっせと並んでポイントをためたことがあったが、それで当たったのが大きな黒いカバン。海外旅行で使うようなハードケースならともかく、部活帰りの中高生が持つような、へなへなのバッグで、こんなのいらねえや、とあとは二度と並ばなかった。そのころに比べれば賞品の質がよくなっている。もっともカド君が当たったのは1等だからで、すべてがそんなにいいモノではないだろう。

なかなか馬券の話にならないが、3連単フォーメーションも外れ、今日はだめかもと迎えた東京12Rの神奈川新聞杯。3歳上1000万下の芝1400m戦だが、前日予想の本命は2番人気の⑮ウィンドライジズ。相手候補は内から順に、①ジョーマイク（6番人気）、⑤ペイシャフェリシタ（4番人気）、⑦フジノパンサー（9番人気）、⑪コスモヨハネ（5番人気）の4頭。そこから⑤ペイシャフェリシタを選んだのが前日。で、秋華賞も終わり、もう一度真剣に新聞を凝視して、ああでもないこうでもないと直前検討。⑮ウィンドライジズに自信はあるのだが、相手は4頭すべて怪しい。みんな、来そうな気がする。ちなみにこのレースの返し馬で目立ったのは、①⑤⑪の3頭。全部、相手4頭の中にすでに入っている。しかし⑪の鞍上柴田大知は10Rの赤富士Sでも④マイネルトゥランの返し馬で素軽い動きを見せ、素晴らしいデキだなあと迷わず本命にして、ワイドと3連複を買ってしまった。3番人気のこの馬、何着だったと思いますか？　なんと16着（ビリだ！）。

そういうことがあると、この12Rで買いにくいのは人情というもので、まずこの馬が落選。次に、9番人気の⑦が落選。そんな人気薄を1点で当てるなんて私にデキるわけがない。これは経験則での判断。というわけで残ったのが①と⑤。さあ、どっちだと迷ったが、結局は⑤を選択。何のことはない、前日検討と同じ結論であった。で、最後の直線、赤い帽子の2頭が馬群から飛び出してきて、3番手に伸びたのが①。大外から伸びてくるのが私の本命⑮。3枠の2頭が1～2着になるのはもう確定で、あとは3着争い。①が残るか、外の⑮が差すか。いまの府中は外が伸びる。⑮がぎりぎり差して、ワイド⑤⑮が当たり。やっぱりワイドだ。

前日予想通りに買っていれば

4回東京6日目の12R。3歳上1000万下のダート1300m戦が終わり、その着順を自分の新聞に書き入れていたとき、大変な失敗をしたことに気がついた。このレースを勝ったのは、⑩タイセイプレシャス、2着が③ファームフェイス、3着が⑨シゲルゴホウサイ。3連単が278万となったのは、1着の⑩タイセイプレシャスが16頭立て14番人気で、3着の⑨シゲルゴホウサイが11番人気であったからだ（2着の③ファームフェイスは2番人気）。だから、278万と荒れたわけである。こんな馬券は取れない、と思うでしょ？ところが私の新聞には、⑩タイセイプレシャスのところに大きな◎、③ファームフェイスのところに大きな○。本当か、思わず私、その印をまじまじと見た。

本命に◎、対抗に○印を付けるのは、ワイド作戦を始めてからの私の癖で、ワイド1点だから本命も対抗もないだろ、と言われそうだが、違うのだ。その予想に基づいて3連複を買うときに、◎の馬を1列目に置き、○の馬を3頭（最初に選んだ対抗馬の他に2頭選

4回東京6日　12R　3歳上1000万下

着順	予想	枠番	馬番	馬名	性齢	斤量	騎手	タイム	着差	通過順	上り	人気	単勝オッズ	体重	増減	厩舎
1		❺	⑩	タイセイプレシャス	騸5	57	森泰斗	1.17.0		14 14 外	34.6	⑭	99.2	468	+2	南 池上弘
2	▲	❷	③	ファームフェイス	牝3	53	武　豊	1.17.1	3/4	2 2 中	36.0	②	4.3	464	+4	栗 笹田和
3		❺	⑨	シゲルゴホウサイ	牝5	55	北村宏	1.17.3	1¼	1 1 内	36.4	⑪	60.5	444	−6	栗 森田直
4	△	❹	⑦	サウンドジャンゴ	牡5	57	田辺裕	1.17.3	首	10 8 中	35.6	⑩	47.4	514	−6	北 和田道
5		❹	⑧	アフターバーナー	牡3	55	内田博	1.17.4	首	11 10 中	35.4	⑥	14.0	516	+4	北 伊藤圭
6		❼	⑭	タッチシタイ	牡7	57	岩田康	1.17.6	1	11 10 中	35.6	⑮	106.9	496	+4	栗 音無秀
7	◎	❽	⑯	ケンコンイッテキ	牡4	57	吉田隼	1.17.8	1¼	2 2 中	36.7	④	6.8	504	+4	南 田島俊
8		❽	⑮	フクノグリュック	牡5	57	横山典	1.17.8	首	11 13 中	35.7	⑦	26.3	504	+8	北 杉浦宏
9		❼	⑬	ラミアカーサ	牝5	52	武藤雅	1.17.9	½	15 15 中	35.2	⑬	92.0	448	+4	南 小島茂
10		❻	⑪	スズカゼ	牝3	53	武士沢友	1.17.9	首	9 10 外	36.0	⑫	72.3	478	0	北 伊藤正
11	△	❻	⑫	ダウトレス	騸6	57	江田照	1.18.1	1¼	6 4 中	36.8	⑧	27.4	516	+6	北 小島太
12	▲	❶	②	アジアンテースト	牡5	57	松岡正	1.18.8	4	4 4 内	37.6	⑨	28.3	546	+2	北 手塚貴
13		❷	④	ブランオラージュ	牡3	55	戸崎圭	1.18.8	頭	8 8 中	37.1	⑤	9.3	436	0	南 田村康
14	○	❶	①	レレマーマ	牝5	57	ルメール	1.18.9	首	4 4 中	37.7	①	3.5	540	+12	北 国枝栄
15	△	❸	⑤	メイショウジーク	牡3	55	福永祐	1.19.1	1¼	6 7 中	37.7	③	4.7	472	+4	栗 中内田充
16		❸	⑥	バーサーカー	牡5	57	田中勝	1.19.8	4	16 16 中	36.8	⑯	123.8	494	−2	北 高市圭

単⑩9920円　複⑩1790円　③180円　⑨910円　　ブリンカー＝⑦⑧
馬連③―⑩16730円㊶　　枠連❷―❺5260円⑰
馬単⑩―③51770円110　３連複③⑨⑩240430円345
３連単⑩③⑨2780450円2440
ワイド③―⑩5900円㊿④　⑨―⑩16400円96　③―⑨4220円㊶

ぶ）２列目に置いて、そして３列目に流すのである。

３連複の２列目に○が３頭並ぶと、どの馬が対抗かわからなくなるので、ワイドの相手にはその○の中にチェック印をつける。この東京最終レースは３連複を買わなかったので、結果的にはどちらも◎でよかったのだが、これは検討した結果を書き込むときの癖なのである。つまり東京12Rの本命は⑩タイセイプレシャスで、対抗は③ファームフェイスだというのが前日検討の結果であった。その馬連は１６７倍、ワイドは５９００円。２７８万の３連単は買わなかっただろうが、前日検討の結果を重要視するならワイドは絶対に買っていた。５９００円のワイドを３０００円買っていたら18万弱だ。いいじゃんそれで。どうして買わなかったのかなあ。

　ワイド１点作戦は、前日にみっちりと検討してその候補２頭を決めるけれど、当日にオッズを調べたら妙味がないとか、あるいは気が変わったとかで、結構よく変更する。たとえばこの日のワイド作戦は、京都と東京の7R、京都と東京の11R、京都と東京の12Rと全部で6レース。「厳選3鞍」のはずなのに「厳選6鞍」になっているのはご愛嬌だが、最初の3つをすべて変更してしまった。しかも相手を変える程度ならまだわかるけれど、2頭ともに変更だから自分でも理解できない。そしてこの変更が4つ目のレースで実を結ぶのである。それが東京11Rの富士Sだ。この日はキンカメが来まくったので、軸を1番人気の⑥エアスピネルに変更し、相手もキンカメ2頭、それが⑩クラリティシチー（12番人気）と、⑬クルーガー（11番人気）。前日検討の結果を変更して、この2頭にワイドを買うと、1着⑥エアスピネル、3着⑬クルーガー（2着は⑮イスラボニータ）と的中するのだ。ワイド⑥⑬の配当は2250円。当日変更がようやくここで実ったわけである。

こうなると、残り2鞍、つまり京都と東京の最終レースも前日検討の結果を変更してしまうのは当然というものだ。富士Sがもしも前日検討の結果通りに決まっていたら（私の本命は13番人気の⑭ダイワリベラル、対抗は3番人気の⑪グランシルクだった。そのワイドは約50倍）、どうだっただろう。東京最終で前日検討通りの馬券を買っていただろうか。せめて7Rのどちらかが前日検討でヒットしていたら、やっぱり前日検討は無視できないよなとなっていただろうか。さらに、待てよ、ここは2頭軸の総流し3連複を買ってみようとか、そういうふうになっていたら面白かったよなと思うのである。いやいや、いちばん面白いのは、本命を1着、対抗を2着に置いて、3着総流しの3連単を買っていれば、たった１４００円で２７８万をゲットできたということだ。予想は当たっているのだから、あとは馬券の買い方だけである。現実には、前日検討の結果を無視してしまったわけだから、話にもならないのだが、妄想の類いとして聞いていただきたい。自分の新聞には前日検討の結果が書き込まれている。それを見ているうちに、ぴんとひらめいて1～2着固定の3連単総流しを買っていたらと、どんどん妄想が広がっていったという話である。競馬が終わった帰り道では、そういう妄想がいつも頭の中でぐるんぐるんしている。

今週は金曜に京都入りし、博多からやってきたオサムと菊花賞ウイークを堪能したが、こんな土砂降りの菊花賞は初めてだ。これで、マヤノトップガンの勝った平成7年から21年連続でナマ観戦したことになる。その平成7年、ヒシミラクルの平成14年、ディープインパクトの平成17年が、これまでの「印象深いベスト3」だったが、今年はそのベスト3に匹敵する思い出深い年になった。菊花賞のスタート直前、馬券は当たらなくてもかまいません、その代わり、帰りの新幹線が止まるなんてことがありませんように、と祈った年は初めてである。

頑張れオレ

それにしても2週連続で台風が来るなんて想定外である。先週の菊花賞の土砂降りにも驚いたが（21年連続でナマ観戦しているが、あんなのは初めて見た）、続いて天皇賞も土砂降り。こんな日は自宅でテレビ観戦しているのがいちばんいいが、菊花賞は京都、天皇賞は府中と、ずいぶん前にオサムと約束しているので、今さら自宅で観戦というわけにはいかない。しかもその天皇賞は指定席の抽選に外れたので一般席での観戦だ。いやはや、すごい大混雑でびっくり。考えてみれば私、GⅠのときに一般席で競馬やるのは、フェブラリーSを除くと初めてだった。フェブラリーSは2月の府中なので、もともとガラガラの開催である。GⅠとはいっても一般席で十分なので、指定に入るまでもなく、トシキを誘って数回、一般席に出撃したことがある。それ以外のGⅠは指定が当たれば競馬場に行って、指定に外れれば自宅で観戦というのが私の競馬生活である。ようするに私、混んでいるのがイヤなのだ。馬券は自宅でも買えるんだし、指定席に入れるなら行くけれど、一般席の列に並んでまでわざわざ大混雑の渦中に行くこともあるまい。

いや、正確に書けば違うか。指定に外れても当日指定に入れるGIならば、菊花賞のように早朝から並んで入る。安田記念も同様。指定席が外れて自宅で観戦するのは、当日指定のないGIだけだ。関東で言えば、ダービー、天皇賞・秋、ジャパンカップ、有馬記念だ。この４つは一般席で見たことがない。で、今回の天皇賞・秋で、一般席を確保するまでいかに大変であったか、当日の一般席はいかに混雑していたのかというドキュメントを書き出すとそれだけで終わってしまうので、それは別の機会にする。それよりも今週は深い反省から始めたい。というのは、まず土曜だが、前日検討をした結果「厳選３鞍」は全部で９レース。なんと予定の３倍である。これでは「厳選３鞍」ではなく、「厳選９鞍」だ。９レースも選んでおいて、「厳選」はないよな。しかも日曜も８レースである。結果として10レース買ってしまうことはある（この作戦を始めてからいちばん多かった日は13レースだ）。しかしそれは結果であり、前日検討の段階では、２〜４鞍だった。それだけでは当日競馬場に行って退屈なので、じゃあこの馬の複勝を１０００円だけ、という買い方を足して10レースくらいになる、というのがこの間の通例であった。10レース購入とはいっても、ワイド３０００円一点買いを10回するわけではない。「厳選２〜４鞍」以外のレースでは結構謙虚に馬券を買ってきた。そうでなければ「厳選３鞍」というマイルールの意味がない。

ところが前日の段階で「厳選9鞍」になると、どうなるか。当日は当然、全部で15レースくらいになる。レース数を絞るというのが今年後半のテーマだというのに、まったく反対のことをしているのだ。これではダメだ。

では、どうして前日検討の結果、厳選9鞍になってしまうのか。そこに最大の問題があるが、理由は簡単。選択する馬の基準が甘いのである。本命はこれで、対抗はこれでいいんじゃないかとか、簡単に決めるからどんどんレース数が増えてしまうのだ。いや、当人はそれなりに厳しく選択しているつもりだが、1日9レースも勝負レースがあるわけがないのだから、結果として「基準が甘い」と言わざるを得ない。土日が終わってみるとボウズで、全治1ヵ月超え。苦手の府中開催がまだ1ヵ月も残っているというのに、ここで全治1ヵ月はきつい。対してオサムは、日曜東京の6Rで、ワイド②⑥3910円を仕留め(他にも、ありがとう！といういつものオサムの掛け声が聞こえてきたレースがあったが、それがどこの何レースだったのか、よく覚えていない)、それでも天皇賞にガツンと入れたので収支はマイナスだったようだ。他のレースで一本も当たらず、オサム同様に天皇賞にガツンガツンと入れた私は大変である。その東京6Rで勝ったのは3番人気の⑨ローレルジャックで、「そうかあ、おれの2頭に3番人気を足すだけで216倍かあ」と3連複の配当を見ながらオサムは呟いたけど、まったく全然当たらないとそういう反省もできないのである。

日曜の昼にアキラからメールが来て、このときはずいぶん強気な予想を送ったこと、東京の7Rでは直線の様子が雨でもやって見えにくかったこと。最終レースの馬券を買って川崎屋でテレビを見ながら飲んでいたら、どこかの最終レースをオサムが当てたこと――そういう断片的なことがいくつも蘇ってくるが、終わってみると肝心のレースの模様はまったく覚えていない。羽田に向かうオサムと別れ、一人家路につきながら、このままずるずると死んでしまうイヤな予感が頭をよぎる。なんとか打開策を見つけなければ、大変なことになる。どうするんだ、このままくたばるのか。頑張れオレ。

暗中模索の日々

ワイドが全然当たらない。たとえば5回東京2日目の7R。3歳上500万下のダート1400m戦だが、⑤ララパルーザ（2番人気）と、⑬キンイロジャッカル（5番人気）のワイド（10倍前後）を買うと、⑤は勝ったものの⑬は12着。このレースのように、どちらか1頭が3着以内に入ればまだいいほうだ。ひどいのは京都8R（3歳上500万下の芝2000m戦）。ここで②キングパール（7番人気）と⑤メイショウタチマチ（2番人気）のワイドを買うと、11着6着。どちらもどこにも来ないのである。その悪い流れを象徴したのは京都12R。3歳上1000万下のダート1200m戦だが、選んだ2頭が⑧アードラーと⑫ペイシャバラード。1番人気と5番人気の組み合わせだが、このワイドが6～7倍。10倍前後を狙うというのが私の馬券作戦だが、あまりに当たらないので、そのゾーンを下げて臨んだ一戦である。1番人気の⑧アードラーが5着に負けたことにも呆然としていたが、もう一頭の⑫ペイシャバラードは何着だったと思いますか。なんとなんと16着（ビりだ！）。馬を選ぶ目が完全におかしくなっている。

惜しかったレースもある。それが東京10R晩秋Ｓ（３歳上１６００万下のダート２１００ｍ）。ここでの狙いは⑦メイプルブラザー。戸崎騎乗の関西馬なのに５番人気に甘んじていたのは、同コースの前走が７着という成績で、馬柱を汚していたからだ。しかしその前走は勝負どころで前の馬が下がってきて位置取りを悪くしたからだという調教師のコメントが載っている。上がり２位の脚でコンマ３秒まで詰めた内容の濃さに注目すれば、ここは頭までありうる。その単勝は７倍だったので、３０００円を全部単勝に入れようかと思ったが、いやいや２着もあるよな、やっぱりワイドにしておこうと結論したのが間違い。いやワイドの相手に１番人気の④レッドサバス（３着）を選んでおけば、ワイド７６０円がヒットしていたから、まだこの段階では間違いではない。相手に、３番人気の⑥アポロテキサスを選んだのが間違い（予想オッズは８倍前後だから、相手が１番人気の④でも３番人気の⑥でも、さして差はなかったことになる。だったら１番人気のほうを選んでおけよ）。⑦メイプルブラザーは危なげなく勝ったのに、⑥アポロテキサスはなんと11着。

こういうふうに、ことごとくワイドを外したのに大怪我しなかったのは（それでも３日間で全治１ヵ月だ。結構痛い）、ワイド以外の馬券がときどきヒットするからである。この日は東西の５Ｒでヒット。新馬戦はほとんど買わないのだが、たそがれのトシキが朝から横でばしばし買って、よしそのままとか、あーあこれでは安いとか、ずっと呟いているのだ。全レースに参加するトシキの横にいると、少額なら買ってもいいんじゃないかという気がしてくる。そこで、東京5Rの新馬戦（芝1400m戦）で、ちょっと気になった⑬ハトホル（8番人気）の単複を買ってみた。父モンテロッソを種牡馬辞典で引くと、母父の特徴を受け継ぐとあった。この馬の母父はアドマイヤムーン。この日の東京4R（こちらはダート1600m）で同じモンテロッソ産駒の④リアルモンテが6番人気で3着し、その複勝280円を取ったこともあり、モンテロッソが気になっていた。アドマイヤムーンなら芝1400でも面白いだろう。パドックで気になっていたのだが、それが最後の後押し。すると、本当にこの馬が勝っちゃうのである。最後は3番人気の⑩アイワナシーユーと叩き合ってクビ差先着するからガッツのある馬だ。

その単勝3630円、複勝710円をゲットしたわけだが、7660円の馬連、2310円のワイド、220倍の3連複、21万の3連単のうち、どれか一つか二つは取りたかった。がつんがつんいっているころならその全部をゲットしていただろう。その代わりそういう買い方をするということは相当に負債がたまっているということでもあり、そのくらいの配当を取っても全然救われていないかも。だから、まあこれでいい。京都5Rの3連複6470円もゲットしたから、この日の新馬戦4鞍のうち3レースに手を出して

３つともヒットしたことになる（東京４Ｒは複勝のみの購入だったけど）。新馬戦をほとんど買うことのない私にしては実に珍しい日でもあった。

　その新馬戦の二つのヒットでこの日のマイナスは少なくてすんだけれど、メインのアルゼンチン共和国杯に久々に突っ込んで玉砕したので、３日間競馬のトータル収支は全治１ヵ月。先週も全治１ヵ月だったので２週で全治２ヵ月はきつい。やはり本線のワイドでヒットしたい。ワイド以外はしょせん遊び馬券なので、今週はたまたま新馬戦で当たったけれど、来週当たるという保証はどこにもない。つまり安定感がない。しかしワイドで当てたいと思うだけで、そのためにはどうしたらいいのかさっぱりわからず、途方に暮れるのである。

8340円と2860円の差

土砂降りの菊花賞から中2週でまた京都競馬場に行ってきた。今度はエリザベス女王杯である。当初の予定では、年内の遠征は菊花賞が最後だった。ところが11月11日の土曜日に仕事で名古屋に行くことになったのである。中京競馬場が開催していれば、翌日の日曜日に行けるのにな、と思ったとき、待てよ、京都がやってるじゃないかと気がついた。名古屋から京都までは新幹線で30分である。おお、それでは行っちゃおう。すぐにオサムにメールを打った。「エリザベス女王杯に行くぞ」。すぐに返事が来た。「ぼくも行きます！」。京都に中2週で行くのは初めてだが、これも何かの縁だろう。

私は仕事を終えてから土曜の夕方に京都入り、土曜の昼から京都入りしているオサムと夜に合流という予定だったが、日曜の朝に美人の人妻ユーちゃんが合流。ミー子の高校の同級生で、今年の夏に小倉で会ったばかりである。そもそも私がオサムと知り合ったのはユーちゃんの紹介なのだ。彼女が京都競馬場に来るのは、オルフェーヴルが勝った菊花賞以来だという。なんと6年ぶりだ。「あのときは7人で京都に来たんですよ」とオサム。おお、そうだった。私とトシキ、藤井君にオサム、ユーちゃんに面白社長に富田の7人だ。面白社長は亡くなり、藤井君や富田とは会わなくなっている。たった6年しかたってないのに、そんなに変わっていることに驚く。ずっと一緒に競馬場に通っているほうが異例で、それが当たり前なのかもしれない、という気もする。いままでがそうだったように、これからもそうやって変わっていくんだろう。「あのときね、みんな、オルフェーヴルの三冠はないだろうって言ってたんですよ。それなのに、どうしてこんなに混んでいるんだろうって」。オサムの言葉を聞いて思い出した。メイショウサムソンのときは混んでいなかったのに、オルフェーヴルのときに混んでいたということは、当日の朝、混んでいたら三冠馬が誕生する、ということではないか。おお、おれたちは三冠馬の法則を発見したぜ、とみんなで話したことがつい昨日のことのようだ。

なかなか具体的なレースの話にならないのは、例によっていいことがなかったからにほかならない。ボウズだったわけではない。1本だけヒットした。それが日曜福島の7R。3歳上500万下の芝2000m戦である。ワイドがまったく当たらなくなってしまったので今週は3連複にしたのである。それにしても、夏の間は、1日1本限定ではあるけれど、毎週きちんと当たっていたのに、どうしてこんなに外れるのか、理解できない。1日1本当たったからといってプラスになっていたわけではないが、1本は当たるから結構楽しかった。それが秋になると、まったくかすりもしないのである。そこで、ワイドも買うけれど、それだけではなく、以前の3連複フォーメーション（あるいは軸馬からの3連複流し）を半分くらい試すことにした。ワイド1点よりは点数を広げるだけ当たりやすくなるはずだ。そのぶんだけ破壊力は失うけれど、いまは破壊力よりも当てるということが重要だ。

というわけで、3回福島4日目の7Rで選んだ軸馬は、⑧イタリアンホワイト。戸崎が騎乗する1番人気の馬である。1番人気だから選んだわけではなく、検討していたらこうなった。相手は5頭、内から順に、①ラグナアズーラ、③クインズゴールド、⑩ショウナンサザナミ、⑫ゴールデンハープ、⑮リリックドラマだ。人気は、3番人気、5番人気、13番人気、16番人気（ビリ人気だ）、12番人気。⑧を軸にこの5頭へ流す3連複、それに馬連を足すことにした。1番人気からの馬連ではたいしたことないと思われるかもしれないが、意外につくのだ。3番人気の①を相手にしても20倍だからおいしい。⑩だと100倍、⑫が200倍。ワイドにしなかったのは、なにか今までの流れを変えたかったのである。ヒモ5頭に共通しているのはすべてステイゴールド産駒であること。実は、軸の⑧イタリアンホワイトもステイゴールド産駒である。このレースには、ステイゴールド産駒が6頭も出ていたので、その中の1頭を軸にして残りの5頭に流したわけである。

3回福島4日　7R　3歳上500万下

着順	予想	枠番	馬番	馬名	性齢	斤量	騎手	タイム	着差	通過順	上り	人気	単勝オッズ	体重	増減	厩舎
1		❹	⑧	イタリアンホワイト	牝3	53	戸崎圭	1.59.8		8 2 2	中**35.2**	①	2.9	504	+2	(南)相沢郁
2		❽	⑮	リリックドラマ	牝3	53	菱田裕	2.00.5	4	1 1 1	内36.1	⑫	32.1	454	+10	(栗)岡田稲
3	○	❹	⑦	スパイクナード	牝3	53	吉田隼	2.00.5	首	12 12 13	外35.4	②	4.4	432	−4	(栗)佐々木晶
4		❺	⑨	ゴージャスガール	牝5	55	シュタル	2.00.6	3/4	9 7 5	中35.7	⑨	20.6	452	−2	(南)大竹正
5	◎	❶	②	ドロウアカード	牝3	53	秋山真	2.00.8	1 1/2	2 2 3	内36.2	④	9.5	446	+4	(栗)角田晃
6	△	❼	⑭	ピスカデーラ	牝3	53	北村宏	2.00.9	首	12 12 8	中35.8	⑥	15.8	466	+16	(栗)池添学
7	△	❺	⑩	ショウナンサザナミ	牝3	53	丸田恭	2.01.0	1/2	14 12 8	内35.8	⑬	57.3	424	0	(北)国枝栄
8		❷	④	バレエダンサー	牝4	55	黛　弘	2.01.0	鼻	5 7 5	内36.1	⑭	63.6	452	−4	(南)尾関知
9		❻	⑪	フレスコパスト	牝3	52	坂井瑠	2.01.2	1 1/2	16 16 15	外35.6	⑮	91.5	410	+2	(北)中野栄
10	△	❷	③	クインズゴールド	牝3	53	津村明	2.01.2	鼻	9 10 8	中36.2	⑤	14.2	430	−6	(北)尾形充
11		❻	⑫	ゴールデンハープ	牝5	52	菊沢一	2.01.5	1 3/4	14 15 13	中36.1	⑯	110.8	462	−2	(南)戸田博
12	△	❸	⑤	レーヌジャルダン	牝3	53	中谷雄	2.01.6	1/2	2 2 3	中37.1	⑩	24.0	442	0	(北)高柳瑞
13		❶	①	ラグナアズーラ	牝3	52	鮫島駿	2.02.1	3	5 6 8	中37.3	③	8.4	448	+2	(南)武市康
14		❽	⑯	レローヴ	牝3	52	木幡巧	2.02.1	首	9 10 8	中37.1	⑪	28.1	472	−14	(南)黒岩陽
15	▲	❸	⑥	ディヴァインハイツ	牝3	52	加藤祥	2.02.7	4	4 2 5	中38.2	⑧	16.3	446	−12	(栗)石坂正
16	△	❼	⑬	アイスコールド	牝4	55	松岡正	2.03.7	6	5 7 16	中38.8	⑦	16.2	486	+12	(北)手塚貴

単⑧290円　複⑧170円　⑮690円　⑦180円　　ブリンカー＝⑩
馬連⑧―⑮8340円㉝　　枠連❹―❽1930円⑦
馬単⑧―⑮13670円㊴　　３連複⑦⑧⑮11810円㊲
３連単⑧⑮⑦74150円221
ワイド⑧―⑮2860円㉟　⑦―⑧390円①　⑦―⑮2480円㉛

レースは私のヒモの1頭、⑮リリックドラマがぽんと飛び出して先頭を取り、快調に飛ばしていくので胸キュン。先行馬群の直後についていた⑧が4コーナーで馬なりのまま逃げる⑮に並びかけそのまま後続をちぎって順当勝ち。で、逃げた⑮がぎりぎり2着に残って馬連が的中。3着には2番人気の⑦スパイクナードが入ったので3連複は外れたが、それでも馬連⑧⑮は8340円。これなら十分と思って調べたら、なんと私が買ったのは馬連ではなく、ワイドだった！　そんなバカな。ずっとワイド作戦を続けていたので、指が「ワイド」を押しちゃったのかも。そのワイドは2860円。おいおい、ずいぶん違うぜ。私の人生、これからどうなるんでしょうか。なんだかすごく気掛かりなのである。

32点買いでリーチ！

最終レースが終わって飲み屋に向かう途中に、オサムからメールが入っていたことに気がつかず、帰りの車中でようやく気がついた。するといきなり、「383万」という文字が目に飛び込んできた。そんなに荒れたレースが今日あったろうかと瞬間わからず、しかしすぐに「WIN5だ」と気がついた。えっ、オサムが今日のWIN5を当てたのか！　どきどきしながらメールを開くと、オサムは午後所用があったので昼にいくつかの勝負レースとWIN5を買って外出したという。で、帰宅したのが4時半。それからレース動画を見たというのだ。世間的にはすべてのレースはとうの昔に終わっているのだが、彼にとってはそれが初見。そして、リーチがかかったのである。東京10Rが⑧オールマンリバー、京都10Rが①アンドリエッテ、福島11Rが⑭ディアデルレイ、東京11Rが④ダノンフェイスと、すべて当ててリーチ。そこまでの勝ち馬の人気は、1番人気↓6番人気↓2番人気↓2番人気である。メールは時間刻みで送られてきているので、「リーチです！」という文字にも躍動感があふれている。とってもスリリングだ。

ラストのマイルCSで彼が指名していたのは、⑪エアスピネルと⑫イスラボニータ。その⑪エアスピネルと⑱ペルシアンナイトが激しく叩き合って、ハナだけ後者が先着。もし⑪エアスピネルが勝っていればWIN5が当たったことになる。4番人気の⑱ペルシアンナイトが勝って383万だから、2番人気の⑪エアスピネルが勝ったときはいくらの配当だったろう。いやはや、大魚を逸したわけだが、私が驚いたのはオサムの買った点数が、たった32点だったことだ。つまりすべてのレースを2頭指名なのである。それで32点。東京10R錦秋S、東京11R霜月S、京都11Rは、1～2番人気の指名で、福島11R福島民友カップは1番人気と3番人気。ここまではわかる。すごいのが京都10R衣笠特別だ。ここでの指名は、5歳の①アンドリエッテと、3歳の⑩アロマドゥルセ。6番人気と3番人気。どうしてこの2頭だけを指名できたのか。当たるときは予想も鋭いということだが、いやあ、びっくりだ。ちなみにこの京都10Rにはディープ産駒が6頭出走していて、そのうちの3頭が1～3着して3連複が4万。レース前に6頭のボックスを買おうかと一瞬思ったものの、そういう思いつきで馬券を買うからお前はダメなのだと自重してしまった私はバカだ。

この383万に比べると、私の馬券はせこい。5回東京2日目の4R（新馬戦だ）の④リアルモンテ（6番人気で3着、複勝は280円）の1000円複勝馬券がずっと財布に入ったままなので、そろそろころがそうと、この日の東京3Rの⑦ジェイエルスピードに入れると1着の複が180円。これでやっと5000円になったわけだが、この日は候補がほかにもたくさんある。発走順に書くと、東京10Rの⑭ハルクンノテソーロ（4番人気）、京都10Rの⑩アロマドゥルセ（3番人気）、京都11Rの⑱ペルシアンナイト（4番人気）、東京12Rの②アップクォーク（2番人気）の4頭だ。いちばん自信があったのは、⑱ペルシアンナイトだが、そこまでは待てない。なんだか早く身軽になりたいのだ。これが私のいけないところである。ころがしをやるなら自信のある鞍まで、じっと待たなければならない。私、ころがしに向かない体質なのだ。で、東京10Rの⑭ハルクンノテソーロに入れてしまった。すると、4着。悔しいのは、候補にあげた残り3頭がことごとく複勝圏内に来たことだ。京都10Rの⑩アロマドゥルセは2着（複勝280円）、京都11Rの⑱ペルシアンナイトは1着（複勝290円）、東京12Rの②アップクォークは2着（複勝180円）。ころがし候補4頭のうち、東京10Rの⑭ハルクンノテソーロ以外なら、どれを選んでもよかったのだ。よりにもよって、候補4頭の中からたった1頭だけ3着以内を外す馬を選ぶのだから、私、天才的と言っていい。

ところでこの日もワイドは不発。ホントにまったく当たらない。その話を編集者アキラにすると、「ワイド作戦は夏に通用しても秋以降は通用しないということですね」とぽつり。

そうだ、夏競馬の間は本当によく当たったのだが、秋が始まった途端にまったく当たらなくなってしまった。夏競馬とそれ以外の開催に、何か関係があるのだろうか。「夏競馬は調子のよさそうな馬が来るじゃないですか。だからそういう馬を選べばワイド作戦も当たるんですけど、秋競馬が始まると、調子だけではどうにもできないという事情が加味されるんですよきっと」とアキラは言うのだが、それがたとえ真実だとしても、ではワイド作戦に代わるものがどこにあるのか、私には皆目見当もつかない。来年の夏まではまだ気が遠くなるような時間がある。それまでどうやって過ごせばいいのか、神様、教えてください。私、まったくわからないのです。

たまには3連単を

ジャパンカップの前日、いつものように東京競馬場には開門直前に到着。オサムが博多からやってくるのは昼ごろなので、そんなに早く行く必要はない。勝負レースがあればともかく、そんなこともないのならゆっくりでいい。しかしこの日は来年のレーシングスケジュールが配付されるはずなのだ。そんなに急がなくてもスケジュール表が逃げるわけではないのだが、なんだか早く見たい。で、お目当てのものをもらって、フジビュースタンド4階に行った。競馬新聞を出して、午前中のレース検討でもしようかと思ったら、あれれ、ペンケースがない。鞄の中を引っ繰り返してもどこにもないのだ。

競馬場に来る前、府中駅近くの喫茶店でコーヒーを飲みながら検討していたから、喫茶店に忘れたのかも。駅前まで戻るのは面倒だなと思ったとき、いやいや、違う、あそこだとひらめいた。競馬場を入ったところにある台にレーシングスケジュール表が置いてあり、それを取ろうとしたとき、紙袋が引っ繰り返りそうになった。急いで手を伸ばし、飛び出しそうなものを引っ込めたのだが、もしかすると、あのときに紙袋からこぼれたのかも。急いで、そこに戻り、近くにいる係員に聞いてみた。すると、ペンケースはなかったという。そうか、では駅前の喫茶店か。戻るのは面倒だな。どうしよう。ペンケースは高価なものではないし、中には数本のマーカーが入っているだけだし、とりたてて重要なものではない。赤ペンをどこかで買えば、とりあえずの用はすむ。とかなんとか考えていたら、「フジビュースタンドの3階にあるインフォメーションで聞いてみたらどうですか」と係の人が言う。ふーん、と思ってそこに行くと、なんと落とし物として届いていた。競馬ファンは親切だなと感心。そんなことをしていたので東京1Rの複勝をタッチの差で買えなかった。私が買おうとしたのは、⑨アークカンパネラ（鞍上は戸崎で3番人気）という馬で、パドックを見てから決めるつもりでいたのだ。ま、いいやと思ってレースを見ていたら、⑨アークカンパネラは9着。おやおや。

この日は馬券のヒントが一つあったので、ご報告したい。昼にやってきたオサムに、最近はどんな馬券を買っているのか、聞いてみたのである。すると、勝負レースではない普通のレースでは3連単を買っていると言う。勝負レースではないのに3連単？　よく聞いてみると、これが面白そうだった。狙いの馬を1着に置き、ヒモ5頭を2～3着に置くフォーメーションで20点。勝負レースではないのだから、2着バージョンも3着バージョンもなく、3連複も押さえない。万全を期さないというのがいい。そこで東京8R（3歳上1000万下のダート1600m戦）でやってみた。ムーア騎乗の③フォギーナイトの頭が堅そうなので、この馬を1着に置き、④シンゼンドリーム（3番人気）を2着に置き、3着に5頭並べるフォーメーション。オサム形式とは違うが、④の2着も堅そうな気がしたのだ。これが見事にはまったのである。もっともダントツ人気が1着であるから、3連単の配当は5340円。しかし低配当ではあっても、3連単が当たるなんて久々なのでなんだか嬉しい。そこで、東京10R銀嶺S（3歳上1600万下のダート1400m戦）でもやってみた。

今度は、1番人気の⑭レッドゲルニカ（鞍上はルメールで、単勝3倍の馬だから8Rとは違って今度はぐりぐりでもない）を1着に置き、④プリサイスエース（5番人気）を3着に置き、2着欄に7頭置くフォーメーションにしてみた。またまたオサム形式とは違うかたちだが、レースによって変えるほうがいいと思ったのである。それに④はいつも最後方から差してくる馬なので、3着に置くのが賢明だという判断もあった。で、本当に4コーナー後方から外を回して差してきた。⑭は先頭にいて、もう1着は確定だから、あとは④が3着に届けばいい。「差せ差せ差せ！」「田辺田辺田辺」「たなべたなべ」と叫ぶと、ぐんぐんぐんぐん差してくる。いくら府中の直線が長いといっても、本当に届くんだろうかと思ったが（同コースの前走では上がり1位の脚で後方から差しても7着だった）、今回の脚は鋭い。ようやく3番手に上がったところで、「よし！」と叫んだが、その勢いは止まらず、もっと前へ進んでいく。ばかばかばか、だめだめだめ！　差しちゃダメ！　私の願いもむなしく④プリサイスエースは2着でフィニッシュ。たとえ3着でも3連単は１３０倍だからたいした配当ではないのだが、いちばんショックだったのは、④プリサイスエースがかわした馬が⑤カネトシビバーチェ（３番人気）であったこと。実はこの日、ワイド勝負は東京10Rと12Rの２鞍で、東京10Rのワイド1点勝負がこの④⑤であった。前日検討にしたがってワイドを買っていれば的中だった！　その配当は１２００円。通常なら３０００円購入なので、３万６０００円。いいじゃんそれで。ばかばか。

私、センスがない

いまさら言うことではないが、ホントに私、競馬が下手だ。というのは、週中に新しい馬券作戦をひらめいたのである。最近はワイドを買おうと思って2頭選び、そのオッズを調べると、5倍とか6倍のことが多い。たとえば5回中山2日目の10R市川S（3歳上1600万下の芝1600m戦）で選んだのはまず4番人気の⑤ヒーズインラブ。3走前にこのクラスを同コースで勝っていて、そのときのタイムは今回の出走メンバー1位。当該距離が〔3122〕で、中山実績が〔2110〕。今回は4ヵ月休み明けだが、鉄砲実績も〔1101〕と申し分がない。どうしてこれで4番人気に甘んじているのかが理解できない。相手も連勝中の1番人気、②パルティトゥーラでいいのではないか。ここは昇級初戦になるが、勢いのある3歳馬だ。〔3101〕とまだ底を見せていない。というわけで、この中山10R市川Sはワイド②⑤と結論を出すのだ。ちなみに、競馬エイトの本紙予想も、本命②、対抗⑤である。それを私は馬連ではなく、ワイドで買うのだから、もう鉄板だろう。

というわけで、オッズを見ると、このワイドが３・５倍。そうか、みんなが堅いと思うから、これしか配当がつかないんだ。でも大丈夫。次に②⑤の２頭を軸にした３連複を検討する。

結論から先に書くと、３連複のヒモ候補は３頭。内から順に、⑦クリアザトラック（３番人気）、⑧ヴェネト（２番人気）、⑪デアレガーロ（５番人気）の３頭だ。②⑤の２頭を軸にしてこの３頭へ３連複を流すと、オッズは順に、18倍、12倍、37倍。３連複②⑤⑧の12倍というのは気にいらないが、今週はお試しウイークなので、この３点全部を買ってみよう。そうなのである。週中にひらめいた新しい馬券作戦とは、ワイド１点作戦で選んだ２頭のオッズが安いとき、その２頭を軸にして３連複を買うというものなのである。せっかく検討して選んだ２頭なのだから、オッズが安いからといって、全部ご破算にするのはもったいない。馬券の種類はたくさんあるのだから、ワイド１点作戦で選んだ２頭をいかす方法を考えようというわけだ。で、たどりついた結論が、３連複３点流し。ワイド１点に入れる３０００円を、３連複３点を各１０００円で買うという作戦である。

結果は②が６着、⑤が４着。軸の２頭が両方ともにどこにも来ないのだから、どうしようもない。最近の成績を象徴している結果と言っていい。軸が来ないのでは、ワイドだろうが３連複だろうが当たりようがない。ショックだったのは、３連複のヒモに選んだ３頭が１～３着したこと。そちらの３連複が３６９０円。そうか、これからはヒモ３頭の３連複も1000円買うか。冗談だけど。

阪神11Rの④ギモーヴと⑪ポルトドートウィユのワイドは4・5倍。だからここでも、この2頭を軸にして、⑥マイネルネーベル、⑧タニノアーバンシー、⑨ナイトオブナイツ、⑩マリオーロと、4点流し。その3連複オッズは、17倍、39倍、200倍、115倍。ここで4点流しにしたのは、万馬券が2本あったのでこれを各500円にしたためだ。結果は軸の1頭である④は2着したが、⑪は7着。しかも1着の⑤サトノアリシアと、3着の②ハナズレジェンドは抜けだから、まったくの外れ。この日のもう一つの3連複レースは阪神12R（3歳上1000万下の芝1200m戦）。④ゲンパチケンシンと⑫フジノパンサーのワイドが4倍だったので3連複レースに採用してみた。相手が②スナークスカイ（7番人気）、⑧パーリオミノル（4番人気）、⑩ヤマニンマンドール（8番人気）の3頭で、オッズは順に、45倍、17倍、41倍。このヒモの⑧が1着、②が3着だから、それなりに狙いはいいのだが、軸2頭が11着と5着では、どうしようもない。

今週の反省は他にもあり、せっかくここのところレース数を減らしてきたのに、久々に20レースも買ってしまったことは猛省しなければならない。朝から複勝や馬連など（時には先週やってみた3連単フォーメーションなど）、朝からばしばし買ったら止まらなくなってしまったのである。しかし最大の反省は、ワイド1点→3連複2頭軸流し、への作戦変更が性急だったことだ。これまでの成績を調べてみるべきだった。ワイドのオッズが５〜６倍でやめた２頭が本当にそのまま来ていたのか、調べてからやるべきであった。つまり、私のワイド２頭選びの検討そのものが根本からおかしくなっているのではないか、という問題をとことん追求するべきだったと思う。というのは、中山10Ｒ市川Ｓの②パルティトゥーラ、阪神11Ｒ逆瀬川Ｓの⑪ポルトドートウィユ、阪神12Ｒの④ゲンパチケンシンという私の選んだ３頭は、６着、７着、11着に負けたのだが、全部１番人気馬だったのだ。時に１番人気を買うことはもちろんあるが、３レースともに１番人気を買っていたとは。ホントに私、センスがない。

3ヵ月ぶりにワイドが的中！

先週の反省の続きを少しだけ書いておく。先週は、ワイドのオッズが低いときは、その2頭を軸にした3連複を買えばいいと、実験してみたのである。対象にしたのは日曜中山の10R、阪神11R、阪神12Rの3つ。すると、相手に選んだ馬が3頭ともに1番人気で、その結果が6着7着11着であったことにショック——という話を書いたのだが、1番人気を買ったことが悪いわけではない。そのあたりを正確に書くべきだった。1番人気馬を買うことはある。問題は、1番人気馬が負けるレースで1番人気を買ったこと、これを反省すべきなのだ。競馬のセンスがないというのは、そういうことなのである。

というわけで今週は、久々に新横浜ウインズのエクセルフロアに出撃した。土曜中京1Rの②モンサンフィエールの複勝（4番人気で3着の複が280円）が1000円当たったので、日曜の午前中はこれをどこに入れるかが課題。前日検討の段階では、日曜中京3Rの③ボクノナオミ（6番人気）に入れる予定だった。それ以外の候補は、中京2Rの⑯

ヤマイチジャスティ（5番人気）、中山1Rの⑭コウユーホクト（3番人気）、中山2Rの⑩インペリオーソ（6番人気）の3頭。この3レースは、前日検討の結果選んだ中京3Rよりもすべて前のレースなので、全部買うという手もある。つまり、③ボクノナオミの前に3回ころがれば、全部2倍だったとしても③ボクノナオミを買うときには2800円が、2万2400円になっている。それを③ボクノナオミに入れれば、えーといくらになるんだ？　しかし全部当たるなんてことがあるわけがない。だから、次位候補はすべてケン。中山1Rの⑭コウユーホクトはモンテロッソ産駒の初ダートだけに最後まで迷ったが、えいっと見送ると4着。おいおい、買っていたら「いつも4着だなあ」と嘆いていたかもしれない。あとの2頭もすべてだめ。見送ったのは正解であった。③ボクノナオミはぎりぎり3着で、その複が410円ついたので、おお、時代は複勝だぜ。

今週は珍しいことがあった。なんと久々にワイドが当たったのである。夏競馬の終わりに札幌に行ったとき以来ではないか。そうだとすると、なんとなんと3ヵ月ぶり。ヒットしたのは中山8Rだ。3歳上1000万下のダート1800m戦だが、このパドックを見て、おやっと思ったのである。⑯ミッシングリンク（4番人気）の気配がいいのだ。ヴィクトワールピサ産駒の初ダートである。競馬エイト本紙予想でも▲がついている。この馬を買いたくなったのはこの日の阪神1Rを思い出したからだ。その阪神1R（2歳未勝利

5回阪神4日　1R　2歳未勝利

着順	予想	枠番	馬番	馬名	性齢	斤量	騎手	タイム	着差	通過順	上り	人気	単勝オッズ	体重増減	厩舎
1	△	❺	⑧	カタトゥンボ	牡2	55	松岡正	1.13.8		⑬⑭⑬	外36.2	⑫	130.3	480−2	栗牧田和
2	△	❽	⑭	マコトキッショウ	牡2	55	ルメール	1.14.0	1¼	2 2 2	中37.7	②	5.7	458+2	栗松田国
3	◎	❼	⑬	ビッグウェーブ	牡2	55	松田大	1.14.4	2½	6 5 4	中38.0	⑧	30.1	466−6	栗西園正
4	△	❽	⑮	メイショウヤシチ	牡2	55	池添謙	1.14.8	2½	⑥ 5 4	中38.3	⑥	20.9	476 0	栗池添兼
5	△	❸	④	ビーチキャンドル	牝2	54	水口優	1.15.1	2	1 1 1	内39.1	④	14.9	456 0	栗崎山博
6		❻	⑪	ウサギノダンス	牡2	55	高倉稜	1.15.2	½	8 7 7	中38.5	⑩	58.9	478 0	北南田美
7		❷	③	メイショウパルサー	牡2	55	幸英	1.15.3	½	⑮15 15	内36.7	⑬	194.0	472+2	栗藤沢則
8	▲(白)	❹	⑦	センスオブワンダー	牡2	55	Cデムー	1.15.4	½	8 7 7	中38.7	③	7.3	458−2	栗荒川義
9	▲	❷	②	ヒロノオウカン	牡2	55	川島信	1.15.4	首	8 11 11	中38.4	⑦	24.0	432+4	栗服部利
10		❺	⑨	ワンダーアグリコラ	牝2	54	小牧太	1.15.7	1¾	⑫12 11	中38.6	⑪	64.0	440−2	栗沖芳
11		❼	⑫	ナムラガンバロー	牡2	55	田中健	1.15.8	首	⑧ 7 7	外39.1	⑮	339.6	434−8	栗浜田多
12		❻	⑩	クリノカナロアオー	騸2	55	古川吉	1.16.0	1¼	13 12 13	外38.7	⑭	260.5	462−2	北高橋博
13		❶	①	ブルベアハーブ	牡2	55	福永祐	1.16.5	3	5 7 7	内39.8	⑤	18.5	480+2	栗橋田満
14	○	❸	⑤	グランデミノル	牝2	54	和田竜	1.16.9	2½	2 4 4	内40.6	①	1.7	484 0	栗本田優
15		❹	⑥	シゲルアサツキ	牝2	54	松若風	1.17.3	2½	2 2 2	中41.1	⑨	55.4	448+14	栗坂口則

単⑧13030円　複⑧3430円　⑭270円　⑬720円
馬連⑧—⑭55870円57　　枠連❺—❽6440円⑰
馬単⑧—⑭128670円120　３連複⑧⑬⑭201640円196
３連単⑧⑭⑬2370000円1449
ワイド⑧—⑭13460円61　⑧—⑬20770円68　⑬—⑭1630円⑮

のダート1200m戦）のパドックで気配が目立っていたのは、⑧カタトゥンボ。前走の新馬戦で17着（ブービーだ！）と惨敗した馬の初ダート。ローエングリン産駒で、鞍上は松岡。その時点での単勝オッズは60倍程度だったような記憶があるが、最終的には130倍。経験則で言えば、100倍を超える馬が来るなんてことはめったにない。だから、気のせいだろうと無視して馬券は買わなかった。するとこの馬が本当に直線一気に差し切ったのである。ホントかよと呆然。2番人気の⑭マコトキッショウが2着の馬連は550倍。3着は8番人気の⑬ビッグウェーブだったので、3連単はどかーんと237万だ。馬連も3連単も買う気はなかったから別にいくらでもかまわないが、複勝が3430円もついたのはショック。パドックや返し馬などで単オッズが100倍を超える馬が目についたとき、もしも来たら後悔するからなあと複勝を

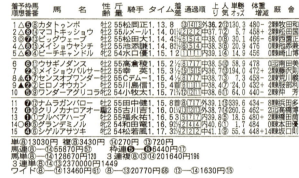

１０００円買うことはわりにあるのだ。今回もそうしていればよかった。中山８Rの⑯ミッシングリンクはそこまでの人気薄ではないが、この日のパドック診断は冴えているということでもあるから（ただの偶然という可能性も大だけど）、ここはワイドを買ってみよう。相手は1番人気の⑧フェニックスマークで堅いような気がするが、ワイドのオッズは８・６倍。そこで2番人気の⑤ピアシングステアとのワイドオッズを調べてみるとこちらは10倍超え。さあ、どうする？

結局は、相手を1番人気に絞って、ワイド⑧⑯を３０００円購入。私が後悔するのは、そのあとで寝てしまったことだ。昼休みに近くのコンビニに行き、ハイボールとつまみを買ってきて、それをぐびぐびやっていたら、馬券を買った直後に睡魔に襲われ、そのままダウンしてしまったのだ。はっと気がつくとレースはとうの昔に終わっていて、あわてて結果を見ると、1着⑧フェニックスマーク、2着⑤ピアシングステア、３着⑯ミッシングリンクで、相手が1番人気でも2番人気でも当たっていた。ワイド⑧⑯は７２０円にまで下がっていたが、もう一生ワイドは当たらないと思っていたのでしみじみと嬉しい。しかししかし、⑤⑧⑯の３連複が２４８０円もついていてショック。こっちも１０００円買っておけよお。

小松菜ハイボールはおいしい

「今日はだめだなあ」とアキラ君が言うので自分の馬券がヒットしないことを嘆いているのかと思ったら、コンピューター予想が当たらないんだという。なんなのそれ？

この日は中山競馬場の「キングシート＋ｉ」に入ったのだが、机の上のモニターに、コンピューター予想が内蔵されているんだという。馬券を購入するだけでなく、そんな機能があるとは知らなかった。実はいまでもよくわかっていないのだが、タイム型と対戦型があって、アキラはいつもタイム型をチェックするという。どの馬がいちばん速く走るかその結果というか予想が表示されているというのである。あれでしょ、そういうのって、結局人気馬が指名されていて、あんまり参考にならないんでしょ？と私が疑うと、違うとアキラは証言する。彼の使い方は、人気と同じような予想のときは無視して、人気薄が上位になっているときのみ参考にするんだという。「あのＡＪＣＣの日も、これで結構当てましたよ」と言うのだ。アキラ君と中山競馬場に出撃するのは今年のＡＪＣＣの日以来になるが、そういえばあの日、彼は何本も当てて帰りにおごってもらったことを思い出す。ちょっと待てよ、あの当たりの何本かは、そのコンピューター予想に乗ったということか？　どうしてそんな大事なことを教えてくれないんだ。たしかあの日、私はボウズだったはずだ。教えてくれよそういうことは。

よおしと、終わったばかりのレースを調べてみたら、あれれ、外れてる。「だから今日は当たってないって言ったじゃないですか」。そうか、そうだよな。アキラ君は全場全レースの馬券を買うのだが、この日はボウズ。コンピューター予想も不発だったようだ。そのアキラが帰りの車中で、「ＪＲＡ－ＶＡＮをスマホに入れてるって言ってましたよね。さっきのコンピューター予想、ＪＲＡ－ＶＡＮですから、中山のキングシート＋ｉに行かなくても、見れますよ」と言った。おやおや、家にいても見ることができるのか。正確にはＤＭ予想と言う。さらにアキラは、そのデータマイニングが的中させたレース一覧のサイトを教えてくれたので、さっそくアクセスすると、ホントかよと言いたくなるほどの的中例が載っていた。

たとえば、今年の12月９日（土曜）は、中山５本、阪神３本、中京２本。合計10レースも当たっている。たとえばその日の中山９Ｒ霞ヶ浦特別は、タイム合計１点で１万１３２０円の３連複が的中だし、10ＲアクアラインＳではタイム合計４点で４万７３２０円の３連複と、タイム合計20点で4万4260円の馬単を的中。この「タイム合計4点」という意味がよくわからない。上位4頭のボックスを買った場合、ということだろうか。「タイム合計1点」というのは、上位3頭の3連複1点という意味だろうか。12月3日の中山2Rでは、16万2070円の3連複を予順ボックス20点で的中、とあるのだが、この「予順ボックス」が何かもまだこの段階ではわからない。それはともかく、11月19日には3場の16レースで的中しているからすごい。もっとも11月25日は全部で4本しか当たっていないし、11月4日は的中1本だけ。当然のことながら万能ではないようだ。最近は私、めったに馬券が当たらないので、なんでもいいから頼りになるものが欲しくなる。すがりたいのだ。よおし、年内の最終週はこれでやってみよう。それまでに「タイム合計」と「予順ボックス」の意味を調べておこうと決心。ま、こういうのは、実施する前がいちばん楽しく、やってみたら全然ダメ、というケースが少なくない。だから、結果としてはダメなような気がする。このDM予想で必ずプラスになるのなら、もっと以前にみんなが実施しているだろう。しかし、すべての必勝法は正しく、問題は運用方法だけだ、という名言もあるから、このDM予想を的確に使いこなせたのならいい結果が出るかも、という期待がないわけではない。

中山まで行ったのに、いいことは一つもなく、たとえば、中京8Rで4番人気の⑨アンナペレンナから買うと、絵に描いたように4着。ホント、私、4着が多い。この日いちばん惜しかった阪神メインの朝日杯ＦＳも、⑤ケイアイノーテックが３着に差し込めば、６９２０円の３連単が１０００円当たって、この日の収支がチャラになったというのに、なんと泣くに泣けない４着。しかも、見た目よりもきわどく、なんと着差はハナ。おいおい、どうにかならなかったのか。

西船橋駅前に飲み屋は一見少なく（府中にもある鳥元が北口にあるが）、ふーんと思っていたが、１本裏通りに入ると、居酒屋がずらずら並んでいる。西船橋駅前で飲むことは少ないので知らなかった。店中でなぜか小松菜を推している「一九」で、小松菜ハイボールを飲みながら、年内最終週はいいことがあるかなあと、あれこれ思いをはせ、静かにグラスを傾けたのであった。

ＤＭ予想を活用せよ

まずは先週の訂正から。ＪＲＡ－ＶＡＮのＤＭ予想について、アキラ君は先週、「今日はだめみたいですね」と言ったのだが、それはＤＭ予想がその日不調だったことを意味するわけではない。ＤＭ予想の結果を表示するところがあり、それをあとで見ると、12月17日も結構当たっている。ただし、ＤＭ予想を利用して当てるにはそれなりの手順があり、これが大変なのだ。まずＤＭ予想には「タイム合計」と「予順ボックス」の2通りあり、（前者は1位の馬からの流し、後者は上位何頭かのボックスを買うものだ。両方ともにボックスで買うのかと誤解していたが、きちんと説明してある箇所があった）、そのどちらで買うのかを最初に選ばなければならない。次に馬連、馬単、３連複のどれを買うか。これも選択する。こうしてようやく買い目が決まることになるが、たとえば「タイム合計」で馬連10点買いを選ぶと、その軸馬が３着のときは馬券が外れる。当然である。しかしそのレースで「予順ボックス」の３連複を選ぶと馬券は的中する。ようするに、このＤＭ予想をど

5回中山8日　10R　フェアウェルS

着順	予想	枠番	馬番	馬名	性齢	斤量	騎手	タイム	着差	通過順	上り	人気	単勝オッズ	体重増減	厩舎
1	△	❷	③	ヒカリブランデー	牡6	57	北村宏	1.11.4		8 7 6 内	36.8	④	8.4	488 0	(南)池上弘
2		❹	⑦	ハングリーベン	牡3	56	松田大	1.11.4	首	5 5 3 中	37.0	⑪	41.7	440+ 2	(南)武井亮
3		❻	⑪	コパノリスボン	牡4	57	川須栄	1.11.5	首	2 2 2 中	37.4	⑦	17.9	510− 4	(栗)村山明
4	▲	❸	⑤	ヤサシサ	牝3	54	浜中俊	1.11.5	首	7 6 6 中	37.0	②	5.8	490− 6	(栗)奥村豊
5	△	❼	⑬	メイショウワダイコ	牡5	57	池添謙	1.11.5	頭	3 4 3 中	37.3	⑥	15.2	540+10	(栗)池添兼
6		❹	⑧	グラスエトワール	牝5	55	木幡巧	1.11.7	3/4	13 10 11 外	36.8	⑧	20.3	494 0	(南)牧光
7	○	❺	⑨	パイメイメイ	牝6	55	横山武	1.11.7	頭	10 10 11 中	36.9	⑨	26.6	506+ 6	(南)鈴木伸
8	▲	❷	④	チェリーサマー	牡5	57	丸山元	1.11.8	1/2	11 10 8 中	37.0	⑩	36.4	520 0	(南)小西一
9		❶	①	メイショウツレヅレ	牝8	55	戸崎圭	1.11.9	1/2	13 14 14 中	**36.5**	⑤	9.3	458−12	(栗)笹田和
10	◎	❸	⑥	モルジアナ	牝5	55	ルメール	1.11.9	鼻	11 13 13 中	36.9	①	2.6	494− 2	(北)木村哲
11		❽	⑮	ヒカリマサムネ	牡7	57	江田照	1.12.0	1/2	5 7 8 中	37.4	⑫	56.4	474+10	(南)池上弘
12	△	❺	⑩	プレシャスエース	牡4	57	木幡広	1.12.3	1 3/4	1 1 1 内	38.3	③	6.7	508+ 2	(北)粟田博
13		❻	⑫	ヨウライフク	騸5	57	吉田隼	1.12.3	鼻	4 2 3 中	38.2	⑮	159.4	504+ 4	(栗)奥村豊
14		❽	⑯	ジャコカッテ	牡6	57	津村明	1.12.3	鼻	15 14 14 外	37.0	⑯	222.0	520+14	(栗)佐々木晶
15		❼	⑭	デンコウウノ	牡6	57	柴山雄	1.12.5	1 1/4	9 7 8 中	37.9	⑭	63.6	500 0	(栗)渡辺薫
16		❶	②	ドラゴンストリート	牡6	57	内田博	1.12.7	1	16 16 16 外	37.1	⑬	61.9	476+ 4	(南)田島俊

単③840円　複③230円　⑦890円　⑪510円　　ブリンカー＝⑧⑨⑫
馬連③―⑦16990円㊹　　枠連❷―❹4360円⑰
馬単③―⑦29740円㊽　３連複③⑦⑪63900円168
３連単③⑦⑪421800円1021
ワイド③―⑦3770円㊷　③―⑪1460円⑮　⑦―⑪8280円㊳

う使いこなすか、ということだ。そしてアキラ君は、DM予想で上位に入った人気薄の馬を自分の馬券の軸に抜擢しているのである。で、あとは単勝とかワイドとか馬連とか、そのつど自分で考えて決めるのだ。だから、12月17日のDM予想について「今日はダメみたいですね」と言ったのは、人気薄が来なかった、というにすぎず（あるいは自分の買い方が間違っていたか）、DM予想が不調だったわけではない。

有馬記念の日の10Rフェアウェルス（3歳上1600万下のダート1200m戦）は、1着③ヒカリブランデー（4番人気）、2着⑦ハングリーベン（11番人気）、3着⑪コパノリスボン（7番人気）で、馬連169倍、3連複639倍、3連単4218倍となったレースだが、このレースのワイド⑦⑪をアキラは仕留めたという。その配当がなんと8280円。よく買えたよなそんな馬券。だって11番人気と7番人気の組

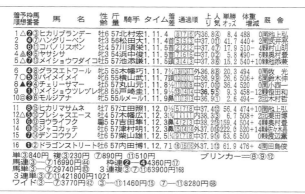

み合わせだぜ。するとＤＭ予想を参考にしたというのだ。しかも「データマイニング作戦がわかってきた気がします」とまでラインしてきたので、有馬記念直前で忙しいというのに急いで調べてみた。タイム型の1位は⑥モルジアナ（1番人気）、2位は⑧グラスエトワール（8番人気）、3位は⑦ハングリーベン、4位は⑪コパノリスボン。なんと2着の11番人気⑦ハングリーベンがタイム3位、3着の7番人気⑪コパノリスボンがタイム4位。「タイム合計」は、本来なら1位の馬からの流しを基本とするのだが、おそらくアキラはその上位4頭のワイドボックスを買ったに違いない。なにも基本通りにしなければならないことはないので、アキラのような利用方法があってもいいのである。1位の馬から流していたら馬券は外れ。4頭ボックスを選んでも、馬連や3連複を選択しているとやっぱり外れ、ワイドだから当たったのだ。アキラの買い方は大正解だったことになる。この日、彼は他にも5本的中してプラス。先週ボウズだった分を取り戻したという。

有馬ウイークは、博多からやってきたオサムと土日ともに中山競馬場に出撃したが、土曜は楽しかった。中山最終レース（3歳上500万下の芝1200m戦）で、3番人気の⑤コンピレーションから馬連を6点買うと4コーナー最後方から豪快に差してきて、⑥ジェイケイオジョウ（9番人気）にはクビ差及ばなかったものの2着。あの位置からよく届いたよなあ。その馬連が9790円。このレースで後悔したのは、3着の⑮ザベストエバー（6

番人気）も馬連の相手に入っていたことだ。軸馬の⑤コンピレーションから馬連だけでなく、相手６頭の３連複も買っていれば、15点で３３９倍を仕留めることができたのである。どうして買わないのか。それでも97倍の馬連をゲットしたおかげでそれまでのマイナスを一気に取り戻して逆転プラス。とてもいいかたちで土曜競馬を終えることができた。まさか日曜にボウズを食らうとはそのとき考えてもいなかった。

それに、その日曜日のことだが、９Ｒくらいからネットがつながらなくなって、そのたびに窓口まで走って現金で馬券を買いに行ったのも面白くない。大レースがある日はＷｉＦｉがつながらなくなるものだが、スマホで買っている分にはダービーでもジャパンカップでも大丈夫だったのに、そのスマホもだめ。今年は有馬の日が初めてである。第１レースの発走が９時35分という異例の１日で、競馬場に到着したらもうパドックが始まっていた。その朝の段階から、はっと気がつくと西船橋まで歩いている最中で、その間なにがあったのか、よく覚えていない。本当に短い一日であった。ビール１杯だけ飲んでオサムとは別れたが、友よ、今年一年付き合ってくれてありがとう。できれば来年も、無事に競馬ができますように、と祈るのである。

スマートカルロスが勝った日

有馬記念が終わってすぐ、「28日の阪神最終に出走するスマートカルロスは近年で一番自信があります。ここ勝負です」とシゲ坊からメールが来た。「近年でいちばん」とは、ただごとではない。そうか、2017年の秋、シゲ坊推奨の馬が1着したことがある。レース前に推奨の弁を自信満々に語ってくれれば私もノッたのに、そうではなかったのでそのときはシゲ坊予想にはノラなかった。素直にシゲ坊予想を信じていれば、私の本命馬が2着であったので、馬連1万730円が簡単に的中していたことになる。3着は2番人気の馬だったので、1万3820円の3連複も軽くゲットできていただろう。そうだ、勝浦特別だ。レースが終わってから推奨の弁を聞くと納得で、そういうことはレースの前にもっと自信を持って言ってくれよ、と不満を述べてしまった。なにしろシゲ坊は全場全レースの予想を送ってくるのである。で、勝負レースが毎日1鞍あるのだ。ということは、勝負レースが年間に100レースあるということだ。もちろん、その全部が当たるということはない。

私が言いたかったのは結果ではなく、その１００回のうち、３～５回くらいは自信度大というレースがあるだろうから、そういうときは、その違いがわかるようにしてほしいということだ。わがままなおやじでごめん。もちろん、自信があったところで外れることはあるだろう。それはかまわない。でも自信度の違いを明確にしてほしいのである。おそらく、シゲ坊はそのときのことを覚えていて、今回「近年でいちばん」というフレーズを使ったのだろう。

28日の早朝、「いま単勝15倍、複勝1・1倍です。昨日は複勝3倍ありました」とまたシゲ坊からメール。９時の段階で調べてみたら、⑪スマートカルロスの単勝は13倍の５番人気で、複勝は1・1～1・2倍。たしかにおかしい。単勝３・５倍の１番人気⑤クライムメジャーの複が1・6～2・6なのである。⑪スマートカルロスの複は1番人気馬より売れているのだ。これは怪しい。そういえば、２０１７年夏競馬の最終日、小倉の芝１２００m戦でトシキ推奨の馬のオッズが怪しかったことがある。昼の段階で単勝が13倍なのに複勝の下限が9倍。レース直前に単勝は23倍まで下がったが複勝の下限は10倍。最後まで怪しかった。で、本当にこの馬が2着に残って、複勝が１４９０円。私の本命対抗が1着3着で、その3連複が５６５倍。このときはトシキの推奨馬にノッたので、とてもおいしい思いをした。あのときを思い出す。お断りしておくが、オッズが怪しい馬を探してたどりついたのではない。競馬仲間が推奨する馬のオッズを見たら、たまたま怪しい動きをしていたということだ。逆は真ではない。

本当はこの日、馬券を買うのはその阪神最終レースだけでいいのだが、朝から自宅にいてグリーンチャンネルをつけていれば当然、馬券は買いたくなる。しかし午前中は複勝だけね、と言い聞かせて、まず中山1Rの⑬アールビット（6番人気）の複に1000円入れると、3着に逃げ残って複勝が260円。それを阪神2Rの⑥ブルベアブロッコリ（6番人気）がパドックで目立っていたので、そのまま2600円を入れると、今度は1着でその複が380円。これで9880円になったので、複ころは中止。それにしてもこの阪神2R、2着が3番人気の⑭ハウリング、3着が5番人気の①ニシノトランザムで、3連複が1万5460円。買っていれば簡単に取れていた。買わないときに限って、こういう結果になるのだ。「競馬あるある」だ。

この日のメイン、GIに昇格したホープフルSなどいろいろあって（すべて外れて）、やっと迎えた阪神12RファイナルS（3歳上1600万下の芝1400m戦）。スタートと同時に、⑪スマートカルロスは最後方。まあ、差し馬なのでこの位置取りはかまわない。近2走は直線で前が壁になって脚を余したというから（シゲ坊のメールにそう書いてあった）、そういうことがないようにひたすら祈ってレースを見る。4コーナーでもまだ後ろから4

5回阪神9日　12R　ファイナルS

着順	予想	枠番	馬番	馬名	性齢	斤量	騎手	タイム	着差	通過順	上り	人気	単勝オッズ	体重増減	厩舎
1	△	❻	⑪	スマートカルロス	牡5	57	松山弘	1.21.3		⑬13 11外	**34.5**	⑤	15.6	480+2	栗東浅見秀
2	○	❸	⑤	クライムメジャー	牡3	56	川田将	1.21.5	1¼	7 6 6中	35.2	①	2.7	512-8	栗東池江寿
3	▲	❺	⑧	エントリーチケット	牝3	54	松若風	1.21.6	½	12 13 15外	34.6	④	10.4	450+2	栗東宮　徹
4	△	❻	⑩	ベルディーヴァ	牝5	55	岩田康	1.21.8	1¼	9 9 11外	35.0	⑦	18.2	484+8	栗東斉藤崇
5		❸	④	クリノハッチャン	牝6	55	川須栄	1.21.9	½	11 11 13内	35.0	⑭	109.7	462-2	北高市圭
6		❼	⑬	ニシノラッシュ	牡5	57	幸　英	1.21.9	首	8 3 3中	35.9	⑨	19.4	496+8	栗東宮本博
7	◎	❷	②	マイネルパラディ	牡3	56	柴田大	1.22.0	¾	2 1 1内	36.2	③	6.7	492+8	栗東田所秀
8	△	❷	③	グレイスミノル	牝5	55	和田竜	1.22.0	頭	4 5 4中	35.9	⑥	17.1	500+2	栗東本田優
9		❹	⑥	レッドリーガル	牡5	57	藤岡佑	1.22.0	鼻	3 2 2中	36.1	⑫	45.0	496 0	栗東笹田和
10		❽	⑮	スペシャルギフト	騸6	57	佐藤友	1.22.1	首	14 15 15外	34.9	⑬	89.4	508-4	栗東須貝尚
11	▲	❺	⑨	ヴェネト	牡5	57	福永祐	1.22.2	¾	9 9 9中	35.5	②	3.9	456+4	栗東藤原英
12		❶	①	ルグランパントル	騸5	57	浜中俊	1.22.3	½	1 3 4内	36.3	⑩	29.0	478 0	北栗田博
13		❼	⑫	パーリオミノル	牝4	55	池添謙	1.22.4	½	6 8 8外	35.8	⑪	41.8	450+2	栗東北出成
14	△	❹	⑦	ペスカネラ	牝3	54	鮫島駿	1.22.5	½	5 6 6中	36.2	⑧	18.5	436-8	栗東松下武
15		❽	⑭	エリーティアラ	牝5	55	古川吉	1.22.7	1	15 11 9中	36.0	⑮	214.0	476+4	南武市康

単⑪1560円　複⑪300円　⑤140円　⑧260円　　ブリンカー＝⑥⑭
馬連⑤―⑪2550円⑦　　枠連❸―❻1400円⑤
馬単⑪―⑤8350円㉔　３連複⑤⑧⑪7460円⑱
３連単⑪⑤⑧65150円175
ワイド⑤―⑪820円⑤　⑧―⑪2090円㉓　⑤―⑧610円④

～5頭目で、外を回して差してきた。自宅にいるのだからいつ叫んでもかまわないのだが、しかしまだ叫ぶには早すぎる。ぐいぐいぐいぐいぐい伸びてくるが、前も止まらない。さあ来い松山（この日の鞍上は松山だ）。もう我慢できない。「松山松山松山！」「差せ差せ差せ差せ！」。大外をぐいぐい伸びてくる⑪スマートカルロスの雄姿が素晴らしい。本当に来るのか、本当にお前が来るのか。まるで信じられないものを見ている気分。なんと全馬を差し切って、⑪スマートカルロスは1着でフィニッシュ。1番人気の⑤クライムメジャーがインから出てこれないかと思ったが、うまくさばいて2着。3着は鋭く伸びた⑧エントリーチケット。おかげで、7460円の3連複、6万5150円の3連単をゲットして、有馬の負けを全部取り戻してしまった。おお、シゲ坊、ありがとう！

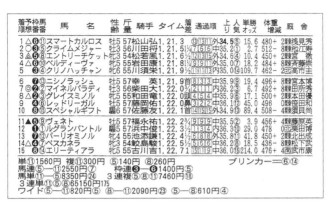

あとがき

週刊Ｇａｌｌｏｐに書き続けている「馬券の真実」という競馬コラムを、ミデアム出版社が単行本にまとめてくれたのは、１９９５年であった。そのタイトルは『外れ馬券に雨が降る』というものだが、それから毎年、週刊Ｇａｌｌｏｐの連載1年分を1冊にして翌春から初夏に刊行していただいている。本書は、その「外れ馬券シリーズ」の24冊目だ。よくもまあ、ここまで続いてきたものだと感慨深い。週刊Ｇａｌｌｏｐにも、ミデアム出版社にも、そしてもちろん、読んでいただいている読者の方にも、深く感謝している。ありがとうございます。

つまり、本書に書かれていることは、２０１７年の馬券顛末記である。1年以上前のこともあるので、まったく覚えていないこともあったりして、いつものことながらゲラを読みながら実に新鮮であった。特に私が書くのは午前中のレースとか、午後の平場戦とか、そもそも記憶に残っていないレースが多いので、４コーナーを先頭で回ったと書かれていても、その馬が逃げ切ったのか、どこかでタレたのか、1年前の未勝利戦の結果など覚えているわけがないから、ええ、どうしたのかなあ、こいつ馬券を当てたのかなあ、とスリリングきわまりない。まあ、私の馬券は外れることが多いから、ほとんどの場合は、たぶんダメなんだろうなと思って読み進むのだが、ほんのときたま、自分の馬券が当たることがあり、そうすると、当たったのかよ、と驚いてしまう。

もちろん、覚えていることもあり、それが菊花賞と秋の天皇賞だ。2週連続で大雨だったのである。あんな大雨競馬、見たことがない。菊花賞のときは京都に行ったので、帰りの新幹線が運転中止にならないかどうか、それがいちばんの心配であった。いつも京都駅前で軽く飲んでから帰途につくのだが、台風のために早々と営業中止になったほど、ひどい雨の日であった。

翌週の天皇賞は、指定席の抽選に外れたので一般席での観戦だったが、外は大雨なのでみんながスタンドの中に入ってくるから、足の踏み場もない大混雑。GⅠの日に一般席でやったことがなかったので（指定に外れたときは自宅観戦が常なので）、あんな混雑には初めて遭遇。しかも雨にもやって直線になっても馬が見えない！　仕方なく、コースに面した席にいるというのに、わざわざ後方に行って、モニターを見ていた。これでは自宅でテレビを見るのと同じじゃん。あんなことも初体験であった。

記憶と違うこともいくつかある。２０１７年は春にパンクして、紆余曲折あったのち、夏競馬でワイド作戦にたどりついたのだが、最初から「ワイド1点主義」を貫いていたと思っていた。違うんですね。本書のゲラを読んで、初めて気がついた。最初のころは、ワイドを買ったあと、本命を1列目に置き、対抗を2列目に置き、さらに2頭を2列目に置いたあと、3列目に数頭置いて合計21点の3連複を買っていたとは、ゲラを読むまで忘れていた。いまでもワイドを買うときに、本命、対抗と印を変えて新聞に書き込んでいるのだが、どうしてワイド1点なのに「本命と対抗」があるのかと我ながら不思議であった。3連複を買うときに1列目に置く馬が本命で、2列目に置く馬が対抗。その名残が、3連複を買わなくなって、ワイドだけになっても残っているのだと自分で納得。まあ、自分のことなのだから、忘れるほうがおかしいのだが。

3連単の、1頭→3頭→6頭で、たった15点というのも忘れていた。単勝を１０００円買うのならあと５００円を出してこの3連単フォーメーションを買うのが面白い、と気がついた顛末は本書のゲラを読むまで忘れていた。そうだよ、藤田菜七子だ。２０１７年の2回東京11日目（わかりやすく言うと、ダービーの前日だ）の最終レースで、４番人気のコパノアラジンを1列目に置いてこの15点買いをしたら、藤田菜七子が乗るコパノアラジンが1着、あとは6番人気→1番人気ときまって3連単が5万4660円。コパノアラジンの単勝は780円だったからその単勝を1500円買うよりこちらのほうがいい。そうか、あったよそんなこと。で、このレースに味をしめてその後もやってみたら全然当たらず、早々に断念したことは本書に書いていないので、ここに書いておく。ようするに、改めて書くまでもないが、コパノアラジンが勝ったレースはたまたまだった。

でも、この3連単15点は魅力的である。最近はめったに3連単を買わず、オサムが教えてくれた20点買い（これは、1着を固定して、2〜3着に5頭を置くもの）か、3頭→4頭→5頭で27点のどちらかをときおり買う程度だが、たった15点というのはとても魅力的なので、また試してみたくなってきた。

２０１８年６月

藤代三郎

藤代　三郎（ふじしろ　さぶろう）
1946年東京生まれ。明治大学文学部卒。ミステリーと野球とギャンブルを愛する二児の父。著書に、『戒厳令下のチンチロリン』（角川文庫）、『鉄火場の競馬作法』（光文社）、『外れ馬券に口笛を』『外れ馬券に微笑みを』『外れ馬券は夕映えに』『外れ馬券に祝福を』『外れ馬券は人生である』『外れ馬券に友つどう』『外れ馬券で20年』『外れ馬券が多すぎる』『外れ馬券は終わらない』『外れ馬券に乾杯！』『外れ馬券を撃ち破れ』（ミデアム出版社）。

外れ馬券に挨拶を
二〇一八年八月三日　第一刷
著者　藤代三郎
発行者　大島昭夫
発行所　株式会社ミデアム出版社
東京都渋谷区恵比寿四―四―二
電話　〇三（三四四四）七六二二
郵便番号一五〇―〇〇一三
印刷・製本　㈱紙藤原
＊万一落丁乱丁の場合はお取替えいたします
＊定価はカバーに表示してあります

ISBN978 4 86411 099 0　編集協力／㈱みずは社
本文DTP／トモスクラブ